819.95

La vie d'artiste

Louis Caron

La vie d'artiste

Le cinquantenaire
de l'Union
des Artistes

Boréal

© Les Éditions du Boréal
Dépôt légal: 4e trimestre 1987
Bibliothèque nationale du Québec

Données de catalogage avant publication (Canada)

Caron, Louis, 1942-
  La vie d'artiste
  ISBN 2-89052-208-3
  1. Union des Artistes — Histoire. I. Titre.
PN1573.C35C37 1987   790.2'06'0714   C87-096379-1

ISBN (édition de luxe) 2-89052-220-3

La rédaction d'un ouvrage d'envergure repose toujours sur l'apport de collaborateurs empressés. Outre le personnel de l'Union, je tiens à remercier particulièrement madame Evelyne Foy qui a mené une recherche de fond à partir de la matière fournie par l'UDA.

Merci également à toutes les personnes que nous avons rencontrées, la recherchiste et moi, ensemble ou individuellement, et qui sont trop nombreuses pour être nommées ici. Leur générosité n'a eu d'égal que la qualité de leur apport.

Merci enfin à monsieur Phil Laframboise et à madame Monique Provencher qui se sont chargés de trouver les photos qui accompagnent le texte et aux institutions qui nous les ont fournies: la Cinémathèque québécoise, Radio-Canada, Radio-Québec, Télé-Métropole, Quatre-Saisons, le théâtre du Rideau Vert et le Théâtre du Nouveau Monde.

En passant, merci aussi, Phil, pour vos remarques judicieuses sur le manuscrit.

L. C.

Préface

Automne 1937! Il n'aura fallu qu'une poignée de chanteurs lyriques rassemblés autour d'une cause toute simple: Vivre! Vivre de ce qu'on est! Vivre de ce qu'on fait!

Très vite, chanteurs, comédiens, danseurs, annonceurs, marionnettistes s'unirent par besoin et par ressemblance dans la défense de leurs droits sociaux, moraux et économiques. Si tous ces interprètes de nos joies et de nos peines pouvaient parler désormais de leurs droits, c'est qu'ils ne s'étaient jamais soustraits à leurs obligations. Citoyens à part, étant donnée la nature de leurs métiers, ces femmes et ces hommes entreprenaient une longue marche qui en ferait aussi, un jour peut-être, des citoyens à part entière.

Une vie d'artiste, c'est un feu sacré qui réchauffe et dévore à la fois. Voilà pourquoi la vie d'artiste, si elle ne se vit pas, elle se meurt. Et avec elle, notre mémoire, nos rêves et nos espoirs.

Ce que Louis Caron a réussi dans ce très beau livre, c'est de tracer, à partir de la petite histoire de ceux et celles qui ont donné un corps et une âme à des industries créatives, un portrait socio-culturel du Québec de 1937 à nos jours. Car cinquante ans de l'Union des Artistes, c'est d'abord et avant tout un demi-siècle de notre vie culturelle. Cinquante ans de notre théâtre, de notre radio, de notre cinéma. Et c'est toute l'histoire de notre télévision.

Le défi que Louis Caron a relevé, c'est de nous raconter comme peuple à travers ces stars ou ces étoiles aussi filantes qu'inaccessibles qui n'existent peut-être que dans l'imaginaire de leur public, mais qui expriment si bien ce que nous sommes et ce que nous voulons être.

Louis Caron a surtout écrit ce qu'il appelle à juste titre une très belle histoire d'amour entre ce peuple et ses artistes. Il a raconté cette histoire à sa manière et comme il l'a vécue, c'est-à-dire en Québécois bon public, bon prince et bon enfant. En le lisant, nous applaudissons à l'extraordinaire vitalité de notre vie artistique, où nous ne reconnaissons pour toute monarchie que nos reines de la radio et de la télévision et où nous nous affichons de la race de ceux qui ne veulent toujours pas mourir, pour reprendre des mots jamais oubliés.

D'un automne à l'autre et à l'autre, et comme ça pendant cinquante ans, de feuilles jaunies en arbres écarlates, voici le très beau récit de nos vies d'artistes, c'est-à-dire de nos victoires et de nos défaites, de nos luttes et de nos chicanes, de nos enthousiasmes et de nos regrets, comme autant de petites veines de sang qui font battre le cœur de notre histoire véritable.

C'est le livre d'un peuple passionné qui se passionne et d'un peuple animé qui s'anime. Autrement dit, d'un peuple qui vit.

*Serge Turgeon,
président de l'Union des Artistes*

Automne 1987

Introduction

Un artiste, c'est quelqu'un qui porte la flamme, un peu à la façon d'un coureur emmenant le flambeau sur le site d'une compétition olympique. C'est aussi quelqu'un qui détient un lourd secret, qu'il faudrait partager avec le plus grand nombre possible de gens. Un artiste, c'est du cœur, du souffle et bien peu de temps pour faire tout ce qu'on devrait. Porté par une passion, l'artiste donne tout chaque fois, comme si c'était la première et la dernière fois.

L'artiste, c'est un miroir à mille faces. La pie voleuse. Le nez de celle-là, le tic de celui-ci, nos habitudes, nos gestes, notre langage, tout! L'artiste s'empare de ce qu'il voit, touche, sent et intuitionne, pour en tapisser son nid. Mais au lieu de s'asseoir dessus, confortablement, et de profiter tranquillement de son butin, l'artiste sonne clairons et trompettes, pour nous inviter à partager la fête. Un artiste, c'est une générosité qui ne sait pas se contenir.

On rit, on pleure, et on se reconnaît. C'est bien lui! C'est elle tout craché! C'est bien nous!

Un artiste, c'est aussi quelqu'un qui nous dit tout haut ce que chacun et chacune pensent tout bas, nos travers, nos manies, et nos rêves, à tel point que, de tous les temps, les artistes ont incarné les aspirations les plus secrètes des peuples. Quand les civilisations sont mortes et bien oubliées, on ne trouve plus, dans les livres ou sur les tablettes d'argile ou de pierre, que la trace des jeux inventés par les artistes pour amuser, célébrer et parfois décrier les rois, les empereurs et les pharaons. L'artiste, c'est l'âme d'un peuple.

L'artiste a sa passion pour métier. C'est à la fois sa force et un bien grand inconvénient. Il partage, en effet, avec quelques fous qui confondent leur gagne-pain et leur vie, le vice de ne pas savoir s'arrêter. Du petit matin aux profondeurs de la nuit, semaine ou dimanche, il vibre sans cesse de sa sensibilité intarissable.

Et puis, l'artiste est son propre instrument. C'est de lui-même qu'il joue. S'il triomphe, on l'adore; s'il trébuche, on lui marche dessus. Mais d'une façon ou d'une autre, succès ou échec, on le reconnaît toujours derrière le masque.

L'Union des Artistes

Au temps des rois, les artistes se mettaient au service du monarque ou crevaient de faim. Depuis l'invention de la démocratie, l'artiste se bat pour exercer dignement son métier, comme n'importe quel autre représentant de n'importe quelle profession. Mais c'est plus difficile pour lui que pour la plupart d'entre nous. En effet, l'artiste n'offre pas un produit qu'il a fabriqué. Il se vend lui-même, par petits morceaux, une once de cœur, une outre de souffle, une poignée de rêves.

Combien vaut-il? Bien plus cher que ce que nous consentons généralement à offrir! Mais si celle-ci avait moins de souffle que celle-là? Si le cœur de l'un pesait moins que celui de l'autre? Qui fixera, au jour le jour, le cours du rêve?

Pierre et Jean Lalonde.
(Photo: Coll. Phil Laframboise)

Alors, après avoir été bien applaudis et mal payés, les artistes, une poignée, se sont regroupés, en 1937, pour jeter les bases de ce qui est devenu l'Union des Artistes. Certains de ceux-là vivent encore. J'en ai rencontré quelques-uns. Ils m'ont parlé d'une association destinée à régir et à améliorer les conditions d'exercice de leur métier.

C'était au départ plus amical que syndical. On discutait, certes, avec les patrons des théâtres et de la radio, mais on consacrait surtout beaucoup d'énergie à secourir ceux que l'inactivité condamnait à l'indigence. L'Union des Artistes de ce temps-là ressemblait à la société dans laquelle elle s'était implantée: débrouillarde et délurée, elle n'envisageait pas encore de structurer l'intangible.

Puis, sont nés des fils et des filles qui ne ressemblaient pas tout à fait à leurs pères et mères. Il le fallait bien puisque les moyens d'expression changeaient!

La télévision a tout bouleversé, les habitudes de vie des familles tout autant que la notion même que l'artiste se faisait de sa profession. À l'heure des satellites et des innombrables choix, les artistes ont donné une nouvelle impulsion à leur syndicat professionnel. Sur les barricades des grèves tout autant que dans les officines feutrées, les artistes se battent maintenant sur tous les fronts, notamment à l'Assemblée nationale de Québec et au Parlement d'Ottawa, pour obtenir pleine et entière reconnaissance de leur statut social, économique.

La société québécoise

Voilà ce que contiendrait le livre destiné à célébrer le cinquantenaire de l'Union des Artistes, si la recherche ne nous avait fait déboucher sur un beau portrait de la société québécoise! En effet, relater cinquante ans d'expression artistique au Québec nous conduisait inévitablement à examiner la société à laquelle cette production était destinée.

Qui plus est, les nombreuses entrevues que nous ont accordées les artistes eux-mêmes nous ont convaincus qu'il y avait une harmonie, voire une symbiose, entre un peuple et les artistes qui incarnent ses rêves. Une belle et grande histoire d'amour!

Nous ne pouvions négliger ce portrait de la société québécoise, vue, revue et interprétée par ses artistes, au profit de la seule et sèche nomenclature des dates et des avantages emportés par les ententes collectives!

Pourquoi se refuser un tel cadeau — car l'histoire de l'Union des Artistes, c'est comme un cadeau qu'on se ferait à soi-même! L'album de photos d'un peuple. Le grand «scrap-book» collectif.

Tout de suite, en ouvrant la page, on s'étonne! On n'aurait jamais cru que c'était si ressemblant!

1937-1945

L'amicale

Vers une culture de masse

1937

Des mouches, des souches et du rêve

À quinze ans, en 1957, ma conscience s'ouvrait sur une paisible petite ville de province bien assise sur la campagne environnante. Mon père m'avait fait engager comme apprenti chez un électricien de ses amis. C'était à Nicolet, sur les rives fertiles du Saint-Laurent, à mi-chemin entre Montréal et Québec, au cœur de ce pays où les soldats démobilisés du régiment de Carignan avaient commencé à s'établir en 1668.

À quinze ans, on a l'impression que le monde tourne autour de soi. Je croyais, faute d'y réfléchir, que les attributs du confort, l'électricité, la radio et les voitures aux longues ailes effilées, agrémentaient la vie de mes concitoyens depuis la nuit des temps, c'est-à-dire depuis les années 1900 au moins.

Un de ces jours, nous sommes appelés à effectuer une réparation chez un cultivateur des environs. Il n'y a plus de courant à l'étable. Consciencieusement, mon compagnon davantage que moi, nous faisons diligence pour rétablir les choses. Et le cultivateur, sa femme et ses nombreux enfants aux pieds nus se mettent à nous tourner autour tandis que nous travaillons.

Je les observe à la dérobée, gens pauvres et besogneux, les mains des enfants déjà rugueuses, les regards fuyants, le dos courbé sous le poids de la

Quand la radio était la reine de nos foyers sur la *Rue Principale* et ailleurs.

La vie d'artiste / 19

résignation. Mais qu'ont-ils donc tant à insister pour que la réparation s'effectue au plus vite? L'heure de la traite est pourtant encore loin!

Et j'apprends, consterné, que cette famille de cultivateurs du centre du Québec se réunit à heures fixes à l'étable pour... écouter la radio, car il n'y a pas d'électricité à la maison.

Je sais, l'électricité rejoignait à peu près tous les foyers du Québec en 1957, trois ans avant le début de la Révolution tranquille, et j'évoque un cas plutôt marginal. Mais c'est précisément cette atmosphère de grand appétit pour le monde que soulèvent en moi mes lectures relatives à la formation de l'Union des Artistes, en 1937.

Je vois un vieil homme, penché sur les boutons de son gros poste rond, une mère de famille en tablier, des enfants parlant bas comme à l'église, rassemblés pour l'écoute quotidienne de *Rue Principale* de Édouard «Eddy» Baudry.

> — *Allô!*
> — *Mlle Lortie?*
> *La voix au bout du fil était traînarde, fatiguée.*
> — *Oui.*
> — *Je vous appelle de la part du docteur Piché, mademoiselle. Le sergent Gendron est ici.*
> — *Ici? Où ça?*
> — *À l'hôpital, mademoiselle. Il a été blessé dans un accident d'automobile. Le docteur croit que...*
>
> *Mais Ninette n'écoutait plus. Elle laissa tomber le récepteur sur la table, bondit vers sa chambre, prit un manteau — le premier venu — et, tête nue, sans prendre la peine d'éteindre les lumières, ni de fermer la porte à double tour, s'élança dans la rue.*

Dans sa chambre d'hôpital, Bob, qui depuis une heure à peine avait la jambe cassée, s'estimait le plus heureux des hommes.

Cette crevaison, qui l'avait fait se jeter sur un arbre et se briser un membre, n'était-elle pas l'incident tant attendu, tant espéré, qui allait ramener Ninette dans ses bras? Dehors, sous la fenêtre, les passants se faisaient plus rares. On se couche tôt à Saint-Albert. Rue principale, la rue continuait au ralenti, paisible, provinciale.

Le King's Hall.

Le passé est un hiver bien long. Vu d'aujourd'hui, on se demande comment ceux qui l'ont vécu ont pu le traverser. S'il est vrai qu'en 1957 certains devaient encore se rendre à l'étable pour se mettre à l'écoute du monde, que dire de 1937, de ce temps pour nous lointain où des ondes invisibles introduisaient le printemps dans chaque foyer qu'elles rejoignaient?

En 1937, la radio c'était hier. Un physicien d'origine canadienne, Reginald Aubrey Fessenden, avait transmis la première émission radiophonique vocale et musicale au monde, la veille de Noël 1906. En 1918, la Marconi Wireless de Montréal devenait la première station au monde à diffuser régulièrement une programmation. L'année suivante, le gouvernement du Canada accordait un permis de diffusion à XWA, la station qui allait devenir CFCF. J'en déduis que nous avons, à Montréal, la plus ancienne station de radio au monde. Qui le savait?

En 1922, c'est CKAC qui devient la première station radiophonique de langue française en Amérique du Nord. En 1923, le Canadien National inaugure un service de radiodiffusion à Montréal et installe des

De g. à dr.: Maurice Duplessis. Le père Émile Legault (Photo: André Lecoz). Les premiers studios de Radio-Canada au King's Hall.

appareils récepteurs dans ses wagons. Quelques années plus tard, en 1927, on peut déjà parler d'un premier réseau radiophonique, celui du CN, reliant d'est en ouest le pays démesuré qu'est le Canada.

En 1934, c'est CHLP qui entre en ondes à Montréal.

Et l'année dernière, en 1936 puisque nous nous situons toujours en 1937, Radio-Canada prenait officiellement possession des installations de la Commission de la radiodiffusion canadienne, laquelle avait exproprié le réseau radiophonique du Canadien National. En 1937 donc, trois stations de radio sont déjà en ondes à Montréal.

1937, c'était hier. Duplessis avait pris le pouvoir à Québec l'année précédente. La loi du salaire raisonnable (minimum) venait d'être adoptée. Il y avait de quoi, une grosse bouteille de Kik coûtait déjà six cents, les yeux de la tête! L'infâme «loi du cadenas» entrait en vigueur, permettant aux autorités policières de fermer tout lieu où des personnes seraient soupçonnées de propager des idées communistes. Là aussi il y avait de quoi, deux grosses grèves sévissaient: celle des usines de Dominion Textile et celle des chantiers maritimes de Sorel.

De g. à dr.: Henri Tranquille, Antoine Godeau et Mario Duliani. (Photos: Coll. Phil. Laframboise)

1937, c'est la crise. Pourtant, le goût tenace du rêve tenaille les hommes et les femmes de ce pays adolescent. Tandis que la bibliothèque Saint-Sulpice demeure fermée, Henri Tranquille ouvre sa première librairie. Le père Émile Legault fonde les Compagnons de Saint-Laurent. Suivront, à quelques années d'intervalle, les Comédiens associés (Antoinette Giroux, Henri Letondal et Antoine Godeau) qui prendront possession du Théâtre Arcade, la section française du Montreal Repertory Theatre instaurée par Mario Duliani, puis enfin La Comédie de Montréal de Marcel Provost et Paul L'Anglais. Tandis que Radio-Canada convoque la conférence interaméricaine sur les longueurs d'ondes à La Havane, à Cuba, le frère André meurt humblement, à Montréal.

Dorénavant, il faudra «l'entendre pour le croire».

Paul-Émile Corbeil et ses chanteurs: David Rochette, Albert Viau et François Brunet. (Photo: Lucien Desjardins)

Pour une chanson

Quand on dit: «J'ai eu ça pour une chanson», on veut signifier qu'on n'a pas payé cher quelque chose qui nous tenait à cœur. C'est précisément la situation qui prévaut chez les chanteurs, en 1937. On les «a» pour une chanson, c'est-à-dire qu'ils sont peu ou fort mal payés pour leurs services.

Pourtant, en 1937, juste avant la fondation de l'Union des Artistes, la radio n'emploie que peu de comédiens. La radio, c'est le domaine des chanteurs et des musiciens. Paul-Émile Corbeil dirige un chœur de chanteurs masculins à l'émission *Symphonie vocale*. Le chef d'orchestre Jean Deslauriers s'impose. Et Jean Beaudet, le directeur musical de Radio-Canada, occupe l'un des postes les plus prestigieux de la maison.

En 1937, les musiciens sont déjà regroupés en syndicat, l'Union des musiciens de Montréal, membre de l'AFRA (American Federation of Radio Artists), qui regroupe toutes les unions du spectacle. C'est à ce regroupement américain que pense spontanément le chanteur René Bertrand, au moment où il songe à former un syndicat de chanteurs. De sa propre initiative, il se rend à New York. Il en revient avec une liasse de formulaires d'adhésion.

Écoutons le chanteur Oriel Barrette évoquer les heures et les jours qui précédèrent la première assemblée constituante de ce qui allait devenir l'Union des Artistes: «On en parlait en cachette, les chanteurs seulement. René Bertrand nous arrive de New York avec des formulaires de l'AFRA. On était dans la salle de séjour de Radio-Canada, qui était en plein milieu de la place. Tout le monde passait par là. On était plutôt inquiet, on regardait autour de nous. On était une douzaine, pas plus. On allait en cachette, dans les toilettes, signer nos formulaires d'adhésion.»

Mais tout de suite après l'assemblée de fondation, à laquelle assistent presque exclusivement des chanteurs, on se rend compte que le nouveau syndicat retient l'attention d'autres groupes d'artistes interprètes, notamment les comédiens, les annonceurs et les bruiteurs, et on

De g. à dr.: Jean Beaudet et Jean Deslauriers. (Photos: André Lecoz)

De g. à dr.: Robert Choquette, Juliette Béliveau (photo: André Larose) et Rolland Bédard (photo: Jac-Guy).

élargit les cadres de l'association pour les accueillir. Il pouvait difficilement en être autrement. En 1937, la radio met en place l'élément essentiel de sa production des vingt années à venir: les radioromans.

Dès janvier 1935, Robert Choquette crée véritablement le genre en donnant *Le curé de village* ; puis, le 5 septembre 1937, la station CKAC présente le premier épisode de *Rue Principale*, le radioroman de Édouard «Eddy» Baudry, celui qui allait devenir le deuxième président de l'Union des Artistes. Pendant 22 ans, cinq jours par semaine, ce radioroman présente un épisode d'un quart d'heure, retraçant la vie d'une petite ville fictive, Saint-Albert. Proctor & Gamble commandite l'émission pour concurrencer Oxydol.

Soixante-cinq artistes travaillent à *Rue Principale*, dont Fred Barry, Juliette Béliveau, Nicole Germain et Rolland Bédard. Pour un quart d'heure en ondes, les comédiens ont droit à deux heures de répétition par jour.

Rue Principale est le premier roman radiophonique canadien à compter plus de 300 émissions consécutives. C'est également le premier programme radiophonique canadien traduit en une langue étrangère, le polonais. Et pendant longtemps, *Rue Principale* se classe deuxième aux cotes d'écoute, après Fridolin.

En 1937, les chanteurs et les comédiens apprennent avec émotion à gagner convenablement leur vie en pratiquant le métier qui leur tient à cœur. Nous sommes toujours en période de crise. Écoutons encore Oriel Barette résumer l'époque: «Adrien Lauzon, qui fut trésorier de l'Union pendant des années, était représentant de la compagnie Heinz. Il nous apportait des boîtes de conserves. Plutôt que d'aller à la taverne, on se retrouvait au local de l'Union après les répétitions. On s'y retrouvait en famille, entre amis. L'Union, en ce temps-là, c'était très intime, très social. On n'était pas des gens d'attaque. On y allait doucement, on se serrait les coudes.»

Un voyage à New York

C'est en 1937 que le chanteur René Bertrand entreprend à New York, auprès de l'American Federation of Radio Artists, le voyage qui allait tout déclencher.

René Bertrand, premier président de l'Union des Artistes.

7 novembre 1937. Assemblée de fondation, à l'hôtel Windsor, de la Fédération des artistes de la radio. Georges Heller, secrétaire-trésorier du comité national de l'AFRA se met à la disposition de l'assemblée. René Bertrand est élu président.

8 novembre 1937. Deuxième réunion. On décide de faire traduire en français les documents d'information et les formulaires d'inscription.

12 novembre 1937. Nouvelle réunion en raison de l'élargissement (déjà) du membership à quatre secteurs: chanteurs, comédiens, annonceurs et bruiteurs. Élection d'un bureau de direction plus représentatif. René Bertrand est toujours président. On établit la cotisation à douze dollars par année et on prend la décision de se chercher un local.

Ouverture du premier compte de banque. Par vote, on alloue 20$ à René Bertrand pour qu'il retourne à New York, étudier de plus près le fonctionnement de l'American Federation of Radio Artists.

En **décembre 1937**, on établit la nécessité de constituer des échelles de cachet pour chacune des catégories de membres (chanteurs, comédiens, annonceurs et bruiteurs). Les réunions se tiennent au local des musiciens, dans l'édifice Holland, 1121 rue Sainte-Catherine ouest, suite 208.

À la fin de l'année, l'Union compte déjà 64 membres.

1938
Maurice, Camillien et Fridolin

La Bolduc.
(Coll. Phil Laframboise.)

Mars 1938, sur la scène du Monument national, rue Saint-Laurent, où La Bolduc était apparue en 1927, Gratien Gélinas lance Fridolin. On connaissait déjà ce petit personnage sympathique grâce à la radio. En effet, l'année précédente, Gratien Gélinas avait créé Fridolin à CKAC, à l'émission *Le carrousel de la gaieté*.

Tout de suite, le bon peuple se reconnaît dans ce gavroche québécois. Vingt-trois représentations à guichet fermé, la première année, tout un record!

1938: Camillien Houde vient d'être réélu maire de Montréal pour la troisième fois. C'est un personnage débonnaire auquel la corpulence, le sens de la répartie et l'inébranlable parti pris populiste confèrent tous les attributs d'une création théâtrale. D'ailleurs, Son Honneur le maire Camillien Houde n'est-il pas membre de l'Union des Artistes, en raison des causeries qu'il donne à CKAC?

Pendant neuf mandats, Camillien Houde jouera le rôle «vrai» de bon maire du peuple de Montréal, tant et si bien qu'il se retrouvera bientôt dans l'une des revues annuelles de Gratien Gélinas, *Fridolinons*:

> (Imitant l'accent de Camillien Houde)
> *J'étais monté hier soir, avec mes patins, sur ma montagne du Mont-Royal. Puis je regardais ma ville dormir à mes pieds: ma ville, avec ma rue Sherbrooke, ma rue Saint-Denis, ma rue Saint-Laurent, ma rue Saint-Hubert, toutes mes rues! Puis je*

Fridolin. (Photo Henri Paul) Camillien Houde. (Coll. Phil. Laframboise)

me disais: «Je suis un homme chanceux, malgré tout; j'ai mon peuple, j'ai ma race, j'ai ma nation, j'ai ma majorité, j'ai mon avenir, j'ai monseigneur, j'ai mon oncle, j'ai ma tante, j'ai ma chemise.» Puis je suis redescendu de ma montagne, avec mes patins sur mon dos, en prenant mon temps, puis en regardant ma lune puis mes étoiles.

On croirait entendre Jean-Guy Moreau imiter le successeur de Camillien, Son Honneur Jean Drapeau!

Cependant, la gestion populiste de Camillien Houde ne va pas tarder à lui causer de graves ennuis. Forcée d'imposer une taxe de vente de 2%, l'administration municipale se verra mettre en tutelle en 1940 par le gouvernement provincial. Le maire de Montréal sera lui-même emprisonné, lors de la crise de la conscription, pour ses prises de position toujours populistes.

1938, c'est encore et toujours Maurice Duplessis. Quelques années plus tôt, Camillien Houde prenait la tête des forces conservatrices au Québec. Un ambi-

De haut en bas: le père Georges-Henri Lévesque et l'abbé Charles-Émile Gadbois

tieux avocat de Trois-Rivières, Maurice Duplessis, l'en délogeait pour mener le parti à la victoire sous le nom d'Union nationale. Un autre personnage plus vrai que nature, de la galerie des politiciens québécois, montait sur la scène parlementaire.

Ce n'est pas l'endroit ici de tracer le portrait du «chef». Contentons-nous pour bien situer l'époque, de mettre deux faits en relief. D'une part, les dossiers du syndicat des Métallos sont saisis, en vertu de la «loi du cadenas». D'autre part, le père Georges-Henri Lévesque fonde, à l'Université Laval, l'École des sciences sociales, d'où sortiront bon nombre des artisans de ce qui deviendra la Révolution tranquille.

Il faut bien comprendre qu'en 1938 toute une culture traditionnelle est en train de se dissoudre sous les yeux d'une population qui a encore «le nez trop collé dessus» pour s'en apercevoir. Certes, le Congrès eucharistique de Québec est un triomphe. L'abbé Charles-Émile Gadbois vient de lancer ses cahiers de *La bonne chanson*. Mais, en même temps, la culture traditionnelle des conteurs, des chanteurs populaires, des porte-drapeaux de la Fête-Dieu et des brandisseurs de diables et de bonshommes sept-heures cède du terrain, au profit des petites «vues» des salles paroissiales.

Et pendant ce temps, dans l'un ou l'autre des villages de la province, dans les dortoirs des collèges classiques comme derrière les rideaux des couvents, des hommes et des femmes étouffent, réprimant l'éclosion de leur talent artistique, au profit des exigences matérielles qu'impose la situation. Ce dont témoigne, encore une fois, Gratien Gélinas dans un de ses monologues: Jean-Baptiste Laframboise comparaît devant son Créateur pour rendre compte de l'usage qu'il a fait de ses dons de poète, et il est bien forcé d'admettre qu'il a consacré sa vie, jusqu'au dernier souffle, à exercer la noble mais contraignante profession de notaire.

> *Vous devez vous dire, mon Dieu: «À quoi bon me casser la tête pour trouver une place à chaque homme, s'il passe sa vie à faire autre chose!» (...)*
>
> *Voyez-vous, mon Dieu, leur grand malheur, aux gens de chez nous, c'est qu'ils n'ont pas confiance en eux. Il ne peut pas leur venir à l'idée qu'un homme qui serait né à Saint-Agapit pourrait être aussi intelligent qu'un autre qui serait né à Paris, par exemple. (...)*
>
> *Et quand il leur vient au monde un pauvre diable qui a le malheur d'avoir du bon sens, ils attendent, pour l'admirer, qu'il soit allé à l'étranger se faire dire qu'il est un grand homme. C'est seulement là qu'est le bobo, mon Dieu. Si vous pouviez trouver le moyen de leur faire comprendre ça, vous leur rendriez un maudit service!*
>
> *Et ça donnerait peut-être la chance à bien des jeunes qui sont pourris de talent d'avoir l'air moins bête que moi, quand ils paraîtront devant Vous à leur tour. (...)*
>
> *Faites ça pour eux, mon Dieu! Et moi, en retour, je suis prêt à faire le sacrifice d'aller passer mon éternité dans les limbes... avec les Innocents.*

Cinquante ans plus tard, Camillien Houde attend toujours qu'on lui dresse une statue; Maurice Duplessis est devenu le héros d'une prestigieuse mini-série de télévision, et on joue encore les *Fridolinades* de Gratien Gélinas, à Ottawa comme à Montréal.

Les premiers barreaux de l'échelle

Les chanteurs ont vu juste en admettant les comédiens, bruiteurs et autres artisans des radioromans dans la section montréalaise de l'American Federation of Radio Artists. S'il est vrai que, en 1936, 70% des sept heures de diffusion quotidienne de Radio-Canada se composent essentiellement de programmes musicaux, les choses vont radicalement changer, au point que, en 1942, la moitié seulement des seize heures de diffusion quotidienne seront constituées de musique.

Il ne s'agit pas de nier l'apport considérable de la radio, en termes de démocratisation de la musique. Voyez plutôt: traditionnellement, la musique classique ne s'entend que dans les salons de la haute société. Imaginez la scène: la fille de bonne famille au piano, l'oncle Albert soufflant dans sa clarinette, la cousine des États en visite «en Canada», exécutant laborieusement sur leurs instruments un trio de Schubert, dans le grand salon tendu de velours, devant un auditoire complaisant où trônent le vicaire général, peut-être le notaire, et l'une ou l'autre des filles du docteur.

Charles Goulet, chanteur, pianiste, impresario, maître de chapelle, administrateur de théâtre et docteur en musique, et Lionel Daunais, premier Prix d'Europe (1926) de la Province de Québec et ex-vedette de l'Opéra d'Alger... fondent leurs «Variétés lyriques» en 1936 afin de pouvoir chanter et jouer sur scène. Le premier avait fondé en 1928 ses Disciples de Massenet, et le second dirigeait son célèbre Trio Lyrique (1930).

Depuis la disparition de la Société canadienne d'opérette (1930-1933) d'Honoré Vaillancourt, Montréal n'a plus de maison d'opérette. Daunais et Goulet comblent un grand vide. De là leur succès. La première représentation a lieu sur la scène du Monument national le 22 septembre 1936 et la dernière en avril 1955, après presque vingt saisons triomphales à guichet fermé. La plupart de nos grandes voix lyriques couronnées à l'étranger ont d'ailleurs fait leurs premières armes aux «Variétés lyriques».

À la même époque, dans les cuisines des villes comme des campagnes, les Arthur, les Ernest et les Ti-Mille secouent leurs violons et rongent leurs harmonicas sur l'air de ce

Lionel Daunais et Charles Goulet.

que chante le peuple quand il est de bonne humeur. Mais un bon soir, on tourne le bouton de la radio, c'est Schubert qu'on joue précisément, et demain Ti-Mille essaiera sur son harmonica de reproduire le thème de l'andante d'un trio.

Pendant ce temps, une autre entreprise de démocratisation est mise en place, celle du radiothéâtre. Deux points à retenir à ce propos. D'abord, la radio devient une salle de spectacle aux dimensions mêmes du Québec. Ils doivent se compter par milliers ceux et celles de cette époque qui n'ont jamais vu de leur vie une pièce de théâtre dans une salle, mais qui ont fréquenté Molière à la radio. Ensuite, bon nombre de comédiens et comédiennes n'auraient jamais gagné leur pitance sans la radio. La preuve: ils sont nombreux ceux qui n'ont jamais joué sur scène, et dont le nom n'est gravé nulle part ailleurs que dans le cœur de ceux et celles qui les écoutaient à la radio.

Évoquons ici quelques titres.

Les radioromans

Le curé de village de Robert Choquette prend fin en cette année 1938. *Madeleine et Pierre* d'André Audet débute. Il s'agit d'une des rares productions radiophoniques de l'époque destinées aux enfants. Claude-Henri Grignon écrit *Le déserteur*. *Ceux qu'on aime* de L'Anglais - Loranger - Brisset - Thibodeau entreprend sa carrière. Henri Deyglun se met à l'écriture de *Vie de famille*.

Louis Morisset, publiciste à CKAC et «nègre» d'Eddy Baudry, risque son premier contrat personnel, qui de-

Vie de famille: le réalisateur Lucien Thériault et l'auteur Henri Deyglun.

vait d'ailleurs durer vingt ans, pour convaincre Lever Brothers de New York qu'il lui est impossible de continuer d'adapter la populaire émission américaine *Big Sister* pour notre radio. Il n'est pas besoin de montrer les différences entre les deux sociétés, nous les connaissons.

Louis Morisset obtient gain de cause et sa *Grande Sœur* devient une héroïne de chez nous. Mimi d'Estée en est l'interprète et se mérite le titre de première reine de la radio au Gala des Artistes.

Les radiothéâtres

CKAC et CBF diffusent (à l'époque on disait «irradient») toutes deux une émission hebdomadaire qui porte en toute simplicité le titre de *Radiothéâtre*. À CKAC, il y a aussi *La demi-heure théâtrale* et *Le théâtre de chez nous*, diffusé également par CBF, fait qui n'est pas rare à cette époque où l'on ne connaît pas la guerre des sondages et des ondes. Et

Jean Grimaldi, le «papa des artistes».
(Photo: Pierre Sawaya)

puis, *Le vieux raconteur*, à CBF, vient mettre dans le nouveau contenant technologique une matière fort ancienne et éprouvée.

Les tournées

C'est de cette époque que datent les grandes tournées. Le plus célèbre de nos tourneurs a été et demeure Jean Grimaldi, surnommé à juste titre le «papa des artistes». Ses tournées en Acadie, en Gaspésie, sur la Côte Nord, en Abitibi et en Nouvelle-Angleterre appartiennent déjà à la légende. C'est La Bolduc, alors au sommet de sa popularité, qui lui demande un jour d'organiser des tournées. Et par la suite, Grimaldi ouvre toutes les voies.

Pendant cet âge d'or de la radio, on assiste aussi aux tournées de Henri Deyglun, lequel tire des intrigues de son radioroman *Vie de famille* les pièces qu'il présente par la suite en tournées: *Mariage de guerre, La fille au cœur de pierre, C'est un mauvais garçon...* On voyage alors sur des routes non pavées et dans des conditions très inconfortables. Dans certaines régions éloignées, chaque spectateur doit apporter sa chaise ou son banc.

Des chanteurs et des comédiens

Pour l'Union des Artistes, qui ne porte pas encore ce nom, l'année 1938 est dominée par l'établissement des premières échelles de cachets minimums. Sans prétendre tout exposer, relevons quelques chiffres, le sourire en coin. Deux grandes catégories d'interprètes sont en cause: les chanteurs et les comédiens.

```
           LES CHANTEURS
            Les chœurs:
        30 mn ou moins: 10$.
   Ensembles de moins de 8 voix:
            15 mn: 10$
       Solistes et duettistes:
            15 mn: 15$.
```

Ces montants sont ramenés à de plus humbles proportions dans l'éventualité d'une diffusion locale et non «réseau». Pour un chœur, par exemple, le cachet passe de 10$ à 7$.

On voit apparaître les premiers droits de suite: «Si cette transcription électrique doit servir plus d'une fois, les chanteurs devront recevoir leurs pleins cachets pour la première émission de telle transcription, la moitié de leurs cachets pour chacune des trente émissions suivantes et le quart de leurs cachets pour chaque émission subséquente.»

```
          LES COMÉDIENS
        3 mn ou moins: 3$
        15 mn ou moins: 5$
       30 mn (variétés): 8$
      30 mn (dramatique): 10$
```

La différence entre les variétés et la dramatique se fonde sur la durée des transitions musicales. Parlant de musique, il arrive parfois que des musiciens ou des chanteurs soient invités à interpréter des rôles de comédiens. Ils doivent être payés à ce titre, en plus de leur cachet de base.

Et puis viennent les restrictions: «Aucun annonceur à l'emploi d'un poste de radio, aucun bruiteur, réalisateur ou directeur d'une émission ne pourra interpréter de rôle au cours de cette émission.»

Et encore, deux clauses caractéristiques des façons de procéder de l'époque:

• «Pour tout programme de variétés ou dramatique donné devant un public, c'est-à-dire devant plus de 50 personnes, les cachets fixés dans l'échelle seront majorés de 25%.»

• «Pour tout programme de variétés ou dramatique dans lequel les comédiens doivent apprendre leur rôle par cœur, les cachets fixés dans l'échelle seront majorés de 100%.»

Fait cocasse, «Eddy» Baudry se retrouve au nombre des réalisateurs qui viennent exposer leurs griefs à l'Union, relativement à cette échelle de cachets. En ces temps héroïques de la radio, plusieurs portaient deux ou trois casquettes en même temps.

En fin d'année, l'entente avec les musiciens est rompue. L'Union sera, et pour longtemps, celle des chanteurs et des comédiens. D'ailleurs, le 21 février 1938, l'Union avait reçu de New York une charte établissant son existence officielle en qualité de section locale montréalaise de l'AFRA. L'année se termine avec 136 membres.

1939-1943

Dans la boue
jusqu'aux oreilles

De la crise à la guerre il n'y a qu'un pas. L'humanité le franchit habituellement. Ce fut le cas, encore une fois.

Déjà au sortir de la crise, le gouvernement adopte plusieurs mesures économiques destinées à redresser la situation sociale. Tout en affermissant son emprise, l'État fédéral soulage la misère du peuple en proposant entre autres, en 1940, la loi de l'assurance-chômage.

Mais la guerre venue, l'État exige de la population qu'elle souscrive à des objectifs reflétant «les intérêts supérieurs de la nation». D'abord, il faut prêter au gouvernement des sous qu'on a péniblement économisés, en achetant des «Bons de la victoire». Tout y passe, y compris des vieux métaux récupérés. On supprime des vêtements les poches appliquées, les larges collets et les ceintures décoratives, pour ménager le tissu. On demande aux femmes de réduire leur consommation de beurre ou de sucre, et de consentir à louer les chambres inoccupées de leur maison, pour pallier la pénurie de logements.

Chacun n'accepte pas d'emblée ces restrictions. Le Wartime Information Board s'emploie donc à modeler les esprits et les consciences.

Par exemple, pour inciter à la méfiance envers les espions, on imagine le scénario suivant. Le frère d'une

Marcel Ouimet, correspondant de guerre en Italie. (APC-C 66238)

jeune fille doit se présenter tel jour, à tel heure, à telle gare, pour prendre le train à destination de telle ville, d'où il s'embarquera à destination de tel port d'Europe. La jeune fille s'ouvre de ce départ imminent à sa meilleure amie. Celle-ci l'annonce à son frère qui en parle à des copains, au restaurant. À la table voisine du cercle des copains, au restaurant, se trouve un de ces infâmes traîtres à la nation qui cherchent par tous les moyens à nuire à l'effort de guerre du Canada. L'espion fait part de ce qu'il a appris aux âmes malveillantes qui l'emploient, et le bateau transportant nos vaillants soldats sera torpillé pendant sa traversée de l'Atlantique. Morale: en temps de guerre, il faut apprendre à se taire. Cela est si vrai d'ailleurs que la radio ne diffuse même plus la météo, de peur d'informer des oreilles indiscrètes des caprices de la nature canadienne.

Appartenant en propre à l'État, Radio-Canada devient vite un instrument de propagande. Pour une information moins partielle et partiale, l'auditeur tourne le bouton vers l'une ou l'autre des stations indépendantes, et notamment vers CKAC. De chaque salle de rédaction, de jeunes messagers partent en courant, à toute heure, chercher les dépêches au bureau de la Canadian Press, dans le Vieux Montréal. Ils en rapportent des liasses de nouvelles rédigées en Anglais. Pour présenter ces nouvelles à leurs auditeurs en primeur, les dirigeants des stations de radio retiennent les services de personnes capables de lire un texte en anglais et d'en présenter sur-le-champ la traduction française au micro. Roger Baulu donne un exemple des conditions dans lesquelles s'exerçait ce métier:

La vie d'artiste / 37

Roger Baulu. (Photo: Gino Studio)

«Lorsque sont apparus les premiers signes du grand conflit mondial avec l'invasion de la Pologne par les armées allemandes, un discours de Chamberlain, de Hitler ou de Mussolini parvenait à CKAC sur les ondes

Ci-dessus (de g. à dr.):
Ferdinand Biondi et
Henri Letondal.
Ci-contre:
Louis Morisset.

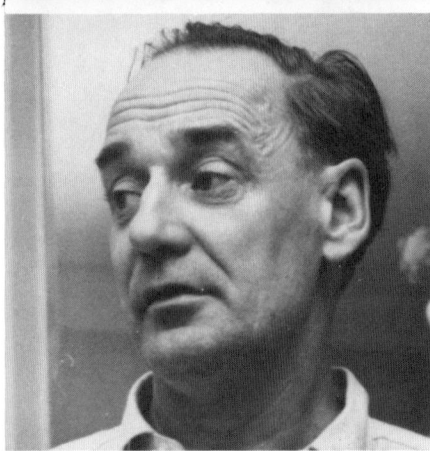

du réseau Columbia auquel la station de *La Presse* était affiliée. Le réseau traduisait simultanément en anglais ce qui était dit en allemand ou en italien et, ici, nous étions quelques-uns qui traduisions de l'anglais au français. Henri Letondal, Louis Morisset, Marcel Paré, Ferdinand Biondi, Marcel Baulu et moi-même formions l'équipe d'interprètes, un peu comme on le fit plus tard aux Nations unies.»

C'est toujours Roger Baulu qui évoque le contexte

radiophonique de l'époque: «Au Québec et dans l'est du pays, la programmation radiophonique de tous les jours était interrompue momentanément pour qu'on puisse alerter les gardiens de phares et la garde côtière du golfe et du fleuve Saint-Laurent. Au moyen de messages musicaux codés, diffusés à heures fixes ou aux moments les plus inattendus, on leur signalait la présence possible de sous-marins «U-Boats» dans nos eaux.»

La guerre infâme, le soldat Lebrun en chante tout le drame. La radio en profite, notamment CHRC, avec laquelle le troubadour en uniforme a signé un contrat exclusif.

La prière d'une maman.

Mais la guerre, ce n'est pas que des chansons. C'est toujours et surtout la mort. La nouvelle transperce d'un coup de poignard le cœur de chacune et de chacun de ceux et celles qui, un jour ou l'autre, ont écouté au moins un des épisodes de *Rue Principale*. En première page de l'édition du 30 janvier 1943 de l'hebdomadaire *Radiomonde*:

LA MORT A FAUCHÉ EDDY BAUDRY
EN PLEINE ENVOLÉE DE DEVOIR

Le président Roosevelt, au Maroc, dépose
une couronne près des restes du disparu.
L'armée américaine rend les honneurs à la victime.
Il devait revenir bientôt.
L'avion est, dit-on, mitraillé par la DCA espagnole
au-dessus du Maroc.
Eddy est mort en vrai journaliste.

Eddy Baudry était l'un des nombreux correspondants de guerre dépêchés par la radio canadienne sur les champs de bataille de l'Europe dévastée. Pour les milliers d'auditeurs de la radio, c'était l'auteur, avec Paul Gury, du célèbre radioroman *Rue Principale*. Mais surtout, pour la colonie artistique, Eddy Baudry avait été et reste dans toutes les mémoires, le deuxième président de l'Union des Artistes. Il avait succédé au fondateur, René Bertrand, en 1939.

La dépouille d'Eddy Baudry repose à jamais à Port-Lyautey, au Maroc. Et le nouveau président de l'Union, Me Gérard Delage, signe l'un de ses premiers documents officiels:

En haut: Édouard «Eddy» Baudry.
En bas: Paul Gury.

UNION DES ARTISTES LYRIQUE
ET DRAMATIQUES
Bureau du président

À tous nos membres,

L'Union des Artistes lyriques et dramatiques a bien voulu s'associer à Mme Édouard Baudry dans le deuil qui la frappe, en faisant chanter un service funèbre pour le repos de l'âme de son époux défunt.

Le service aura lieu à la Cathédrale, samedi, à neuf heures.

Le révérend père Émile Legault, C.S.C., sera l'officiant.

La chorale, sous la direction de M. Paul-Émile Corbeil, sera composée exclusivement de nos membres.

Nous tenons à avertir ceux des nôtres qui veulent assister aux funérailles qu'ils auront toute une partie de la nef qui leur sera particulièrement retenue.

(signé) Gérard Delage
Président de l'Union des Artistes
lyriques et dramatiques de Montréal.

«Comment tu t'appelles?»

À Québec, Adélard Godbout croit avoir mis un terme au règne de l'éphémère Union nationale. Il ne règne cependant que «le temps d'une guerre».

Tandis qu'Ottawa accorde le droit de vote aux femmes en 1940, l'invraisemblable se produit. Camillien Houde, le maire de Montréal, l'homme du peuple, est arrêté pour avoir dit à voix haute ce que chacun (ou à peu près) pense tout bas de la conscription. L'être humain étant ce qu'il est, personne (ou à peu près) ne proteste.

Qu'en conclure? Ce mutisme s'explique par la peur et l'ignorance. Mais la société change, parfois même à l'insu de ceux qui la gouvernent. En pleine guerre, en 1943, Godbout le libéral fait adopter la loi de la fréquentation scolaire obliga-

Félix Leclerc.

Claude-Henri Grignon et son Séraphin radiophonique. (Coll. Phil Laframboise)

toire de six à quatorze ans. Faut-il y voir le germe de la Révolution tranquille que les libéraux opéreront à leur retour au pouvoir, en 1960?

Au plan culturel, tandis que Félix Leclerc chante ses premières mélodies à Radio-Canada, et que Claude-Henri Grignon procède à l'adaptation radiophonique de son roman *Un homme et son péché*, bon nombre d'institutions nationales, sur lesquelles nous fondons encore notre vie culturelle, naissent comme des fleurs sur le fumier de la guerre: le service des nouvelles de Radio-Canada, l'Office national du film, les revues *Relations*, *Amérique française* et *La Nouvelle Relève*, les conservatoires de musique de Montréal et de Québec, le conservatoire d'art dramatique du Québec et l'orchestre symphonique de Québec. Et c'est ainsi qu'au plus noir de la guerre, le souffle de la beauté et de son expression conforte ceux et celles qui croient encore aux lendemains qui chantent.

Cependant, nul ne peut ignorer, et encore moins les stratèges de l'information, que la guerre sape le moral du peuple tout autant que celui des troupes. Pour contrer la morosité des jours, les auteurs des radioromans de l'époque introduisent dans leurs œuvres des allusions à la guerre et aux situations qui en découlent. C'est le cas notamment de *C'est la vie* et de *Ceux qu'on aime*.

Mais les Services de la guerre d'Ottawa iront plus loin en comman-

Jeanne Maubourg.

En haut (de g. à dr.): Yvette Brind'Amour (photo: Gaby) et Miville Couture (photo: André Larose).
Ci-contre: Pierre Durand (photo: André Lecoz)

ditant des radioromans dont on ne peut douter que le contenu ait été infléchi par eux. Entre 1942 et 1944, un radioroman et quatre dramatiques par épisodes évoquent la menace nazie et la nécessité de la participation des Canadiens à la croisade contre les Allemands. Ce sont *À l'ombre de la croix gammée*, *Notre Canada*, *Les Confessions d'un agent de la Gestapo*, *Frères d'armes* et, le plus célèbre, *La fiancée du commando*.

La distribution de cette dernière œuvre est impressionnante: Gisèle Schmidt, Félix Leclerc, Yvette Brind'Amour, Pierre Durand, Jeanne Maubourg, Rolland Bédard, Paul de Vassal, Miville Couture, Estelle Mauffette, Roland Chenail, Marthe Thiéry, Albert Duquesne. Jacques Desbaillets en assure la mise en ondes.

À leur façon, les artistes font leur service militaire.

Des avantages... à partager

Au plan syndical, l'époque 1939-1943 est marquée par deux événements majeurs. D'abord, l'Union devient officiellement une association professionnelle reconnue par la loi. Ensuite, pendant toute la période de la guerre, une vive discussion se poursuit sur l'admission des artistes étrangers.

L'Union

En août 1943, une assemblée réfléchit aux avantages que présente l'Union, et en vient à lui reconnaître quatre «bienfaits».

D'abord, elle regroupe les artistes en une association professionnelle reconnue par la loi. En effet, par un avis publié dans la *Gazette officielle* du 19 septembre 1942, l'Union des Artistes lyriques et dramatiques est constituée, «pour l'étude, la défense et le développement des intérêts économiques, sociaux et moraux de la profession».

Second avantage: en édictant des règles, l'Union a imposé et maintenu des échelles de salaires raisonnables pour ses membres.

Troisième avantage: l'Union a protégé ses membres contre l'invasion étrangère. L'Union en vient à rejeter les artistes français réfugiés au Canada pendant la guerre.

Enfin, quatrième avantage: la fondation d'une caisse dont les revenus servent à l'administration générale, à secourir les membres dans le besoin et à venir en aide à leurs survivants grâce à l'assurance mutuelle.

Voici d'ailleurs qu'en avril 1943 apparaît au livre des comptes rendus des assemblées de l'Union la première mention de ce qui deviendra la revendication fondamentale de l'association, celle d'un statut professionnel de l'artiste. On prépare à cet effet un mémoire au ministre Rowland du Revenu national pour réclamer qu'on ne procède à aucune retenue à la source sur les revenus des artistes. Ces derniers «n'étant attachés directement à aucune maison d'employeur, ils devraient être considérés comme une classe professionnelle».

Une cinquantaine d'années plus tard, la cause n'est toujours pas entendue.

Les «étrangers»

Le journaliste René-O. Boivin, de *Radiomonde*, résume la question dans l'édition du 11 avril 1942.

«À la lumière de l'expérience dans le domaine théâtral et dans d'autres sphères d'activité, nous avons donc prévu une pénétration en masse de notre industrie du spectacle par des réfugiés ou des embusqués européens prêts à profiter de la manne qui passe et des beaux jours où ils se trouvent. Nous avons aussi convenu du fait que nos interprètes avaient tout à craindre et bien peu à gagner de cette infiltration menaçante. (...)

Comme je l'ai dit et comme je le répète, je ne suis pas contre le fait d'inviter une vedette étrangère ou même toute une troupe étrangère pour une semaine, mettons même deux. Mais ce contre quoi, les artis-

François Rozet
et Jaque Catelain.

tes qui pensent comme moi et moi-même, nous nous élevons, c'est contre l'aménagement durable de nos «invités». Qu'ils viennent ici nous faire apprécier leur art, merveille! Nous serons les premiers à les acclamer. La province, cependant, est trop petite pour leur offrir «chambre et pension» à demeure. (...)

Afin que nos compatriotes obtiennent la chance que méritent leur titre d'enfants du pays, de payeurs de taxes et de fournisseurs d'impôts et de prêts au gouvernement, celui-ci n'a-t-il pas le devoir de filtrer l'immigration menaçante des gens de théâtres étrangers?

Ce sera bien là le premier service que le gouvernement du pays rendra à la classe artistique canadienne-française. Puisqu'il n'a pas été dans les préoccupations des gouvernants fédéraux ou provinciaux de protéger la chose artistique, de créer des conservatoires pour le développement des aspirants-acteurs, de construire des théâtres subventionnés pour permettre aux artistes de se faire connaître, qu'au moins les gouvernants — et ceci dépend du fédéral — mettent obstacle à ceux de l'extérieur qui auront la pensée de venir partager les quelques années d'espoir qui luisent pour les nôtres.»

La controverse donne lieu à une valse-hésitation dont les comptes rendus des assemblées du conseil d'administration de l'Union gardent la trace.

9 juillet 1940. Quinze artistes européens sont arrivés ou sont sur le point d'arriver et l'AFRA décide de prendre des mesures pour protéger ses membres pour lesquels il y a déjà si peu de travail. On décide de réclamer l'aide du ministre de l'Immigration.

23 septembre 1940. Il est décidé à l'unanimité que seuls les sujets britanniques seront admis à l'AFRA.

12 octobre 1940. Henri Letondal demande à être entendu. Il trouve la mesure excessive et, surtout, il considère que ce règlement n'a été édicté que pour contrer l'admission de messieurs François Rozet et Jaque Catelain.

7 janvier 1941. Après plusieurs votes et beaucoup de discussions, il est convenu que François Rozet pourra interpréter le rôle de Cunace à la radio, comme invité d'honneur, le 12 janvier 1941, dans l'émission classique de Paul Leduc à Radio-Canada, autorisation valable pour le 12 janvier 1941 seulement, et uniquement parce que François Rozet a été le titulaire du rôle à l'Odéon de Paris.

18 janvier 1941. Décision est prise d'accepter trois membres non britanniques pour une durée d'un an, et de ne jamais avoir plus de trois membres étrangers à la fois dans l'AFRA.

10 mars 1941. Sont admis comme artistes étrangers, conformément à l'assemblée du 18 janvier 1941, François Rozet et Jaque Catelain.

4 novembre 1941. Trente comédiens de la troupe de Jouvet doivent venir jouer à Montréal. Le conseil décide d'aller à Ottawa réclamer auprès des ministres concernés l'interdiction d'entrée de la troupe au Canada ou, à tout le moins, la réduction de la durée de son permis de séjour.

6 janvier 1942. Le producteur (on disait *producer* à l'époque) Paul L'Anglais demande l'autorisation d'engager François Rozet et Jaque Catelain pour l'émission *Lux* qui doit débuter le 22 janvier. L'autorisation est refusée.

20 janvier 1942. Grande controverse au sujet de François Rozet qui prend la direction de *Radiothéâtre* à Radio-Canada. L'AFRA reconnaît à François Rozet le droit de diriger les comédiens, mais non de jouer lui-même.

4 mars 1942. Au cours d'une assemblée générale houleuse, le permis de Jaque Catelain est renouvelé, non celui de François Rozet.

4 mars 1942. Paul L'Anglais demande la tenue d'une assemblée générale spéciale au cours de laquelle François Rozet prend la parole pour assurer qu'il n'est ni Juif, ni réfugié, et qu'il n'a jamais sollicité de travail.

17 mai 1943. Jaque Catelain, Charles Deschamps et François Rozet obtiennent leur permis de travail pour l'année. Il est grand temps que cesse cette controverse, tout comme la guerre d'ailleurs. Les hos-

Paul L'Anglais.

tilités s'amenuisent au point que le 8 juin 1943, une somme de 450$ est consentie pour secourir Jaque Catelain dont les finances personnelles se délabrent. Ses camarades lui offrent une soirée-bénéfice à l'Arcade, au cours de laquelle le président Delage lui remet la somme. L'Union des Artistes lyriques et dramatiques se porte mieux, ses membres aussi. En octobre, les annonceurs de Radio-Canada sont admis à l'association. À la fin de l'année, l'Union compte 352 membres, dont 309 sont en règle.

1944-1945
«Anne, ma sœur Anne...»

Toujours la guerre, et ma sœur Anne ne voit rien venir de bien réjouissant à l'horizon. Les nations d'Europe se battent entre elles, avec la complicité des Américains et des Canadiens. Sur le front intérieur, l'époque donne lieu à bien des affrontements. Quand Duplessis est au pouvoir, il accuse les libéraux de Mackenzie King de s'emparer du «butin» de la province. Godbout le libéral est-il sitôt élu à Québec qu'on lui reproche déjà sa complicité avec les rouges d'Ottawa. Mackenzie King, sous la pression des alliés, songe à imposer la conscription. Voilà qui tisse la trame d'une autre belle campagne électorale.

Adélard Godbout.

Le 21 juin 1944, Adélard Godbout annonce la tenue d'élections. Un mois plus tôt, un jeune déserteur québécois de vingt-quatre ans a été abattu par la police militaire à Saint-Lambert-de-Lévis. C'est dans ce contexte d'insoumission et d'affrontements que se déroule la campagne électorale. Comme précédemment, les libéraux fédéraux interviennent, mais la question de la conscription les gêne.

On croyait l'affaire entendue depuis le plébiscite de 1942 où 72% des Québécois (85% des francophones) avaient refusé de libérer le gouvernement fédéral de sa promesse de ne jamais imposer la conscription. Est-ce l'endroit de dire que le reste du Canada approuve à 80% l'idée de la conscription? Pour sa part,

Mackenzie King finasse: «La conscription si nécessaire, mais pas nécessairement la conscription.»

Et ça éclate de partout. Duplessis boute Godbout dehors et s'installe confortablement à Québec. La France est libérée, les grands de ce monde (occidental et libre) se réunissent à Québec pour se liguer, cette fois, contre le Japon. Chacun en a par-dessus la tête de la guerre. Le 23 novembre 1944, Mackenzie King impose la conscription. André Laurendeau et son Bloc populaire résistent. Une vague de désertions s'ensuit. Et Camillien Houde, enfin libéré de son internement à Petawawa, se fait réélire à la mairie de Montréal.

Début 1945, les premiers conscrits s'embarquent pendant que des émeutes éclatent à Drummondville et qu'à Yalta, en Ukraine, Churchill, Roosevelt et Staline, tirant solennellement sur leur cigare, cigarette et pipe, se partagent la dépouille d'un monde brisé.

Le 6 août, la planète Terre connaît l'apogée de la bêtise humaine, depuis que le big bang a projeté dans l'espace des particules animées de l'illusoire volonté d'accéder à la vie, et ultérieurement à la conscience.

Le 14 août, le Japon se rend sans condition et la Seconde Guerre mondiale se termine.

La guerre a bouleversé les mentalités. Les p'tits gars de tous les Saint-Quelque-Chose du Québec ont vu le monde, soit en Europe, soit en Afrique du Nord, soit à tout le moins dans l'une ou l'autre des provinces anglophones du Canada. De leur côté, les femmes sont sorties de leur cuisine. Elles ont dirigé la ferme, fabriqué des obus dans les usines d'armements et elles se sont engagées dans tous les mouvements sociaux qui ont constitué l'ossature humaine et économique des

André Laurendeau.
(Photo: *Le Devoir*)

années sombres. Les années 1940-1945 auront tiré définitivement le monde de la crise économique. La guerre, cette sale guerre, a été l'occasion d'investissements annuels de quatre milliards de dollars en 1943 et 1944. Quand il le faut, on trouve de l'argent! Et Anne, ma sœur Anne, se demande si elle ne verra jamais venir d'autres années d'une prospérité aussi effrénée.

Duplessis a sa petite idée là-dessus. Il imite le gouvernement fédéral et crée à son tour un régime d'allocations familiales. À son retour au pouvoir en 1944, Duplessis hérite de la Montreal Light Heat and Power nationalisée par Godbout. Opposé à cette mesure mais habile en même temps, Duplessis hausse l'indemnité que le gouvernement versera aux actionnaires des anciennes sociétés privées et met en chantier, à l'intention des autres entreprises hydro-électriques qui subsistent au Québec, les barrages de la Bersimis, puis de la Manicouagan. On n'a pas fini de «s'ennuyer à la Manic».

Venez voir pour voir...

C'est Duplessis, encore lui, qui a institué Radio-Québec en 1945, mais le projet en avait été conçu en 1929 par Louis-Alexandre Taschereau, en vertu de la loi relative à la radiodiffusion en cette province.

Dans son argumentation, Taschereau invoque que «la radio est devenue un des grands instruments d'information et d'enseignement. Mon gouvernement a l'intention d'établir un poste d'émission d'où seront irradiés vers nos foyers des programmes agréables et instructifs, s'inspirant de sujets québécois et canadiens.»

La crise économique, qui éclate la même année, renvoie le projet aux oubliettes. Entre-temps, le gouvernement fédéral légifère pour se réserver le champ des radiocommunications. À son tour, Duplessis entre en scène, le 13 mars 1945, avec sa Loi concernant la radiodiffusion. Il en défend le principe en ces termes: «L'éducation est du ressort des provinces, la radio est essentiellement éducative, les provinces ont conséquemment le droit de se prévaloir d'une radio provinciale. C'est donc le droit et le devoir du Québec de faire connaître sa population, sa mentalité, sa vraie figure et de faire entendre ses revendications. Et personne ne peut mieux le faire que des Québécois par l'entremise d'une radio québécoise.»

Le 20 avril 1945, Duplessis fait sanctionner la Loi autorisant la création d'un service provincial de radiodiffusion, et crée un office ayant pour objet «d'établir, posséder et exploiter un système radiophonique qui sera désigné sous le nom de Radio-Québec». On croirait déjà entendre «...c'est tout un monde à regarder». Et pourtant, il ne se passera rien pendant les 25 années suivantes, du côté de Radio-Québec. Mais ce n'est pas faute d'avoir pressenti l'émergence de l'ère des communications, et plus spécifiquement de la télévision.

Déjà, dans la livraison du 10 novembre 1945 de *Radiomonde*, Raymond Guérin de CKAC salue les 25 ans de la radio en promettant pour bientôt la naissance de la télévision. «Aujourd'hui, le monde est au seuil de la télévision. La base en a été établie avec une efficacité remarquable, et le signal de lancer vers le public cette nouvelle science n'attend que les expériences décisives et finales. Qui sait si, dans 30 ans, la radiodiffusion ne sera pas connue sous le nom de «téléfusion», puisque le son et l'image seront réunis dans une meilleure longueur d'ondes? ... La télévision deviendra une immense fenêtre, par laquelle tous les individus, riches et pauvres, pourront contempler non seulement leur environnement, mais également le grand univers dont ils font partie. Espérons que cette expansion de notre vision physique élargira également nos aperçus et notre mentalité sur la vie.

Espérons-le.»

Je signale que cet «espérons-le» n'est pas de moi, mais du commentateur de l'époque.

Il est vrai que la radio et la télévision ouvrent des fenêtres dans nos têtes. Pourtant, personne n'est jamais d'accord avec tout ce qu'on y voit. Aujourd'hui, les auditeurs et les téléspectateurs exigeants se plaignent que la radio et la télévision nous proposent trop souvent une image plate et terre à terre de nous-mêmes, destinée uniquement à rafler du public aux concurrents. Pour remettre les choses en perspective, relisons (en souriant ou en soupirant, selon le cas), la lettre d'une auditrice de 1945, qui se plaint de ce que les personnages de *La métairie Rancourt* pratiquent un niveau de langage trop sophistiqué.

«Chaque fois que ces fermiers ouvrent la bouche, c'est pour nous descendre une thèse sur n'importe quel sujet, aussi banal soit-il. On parle de la vache de Mme Joubert sur ce ton pompeux qui ne convient qu'aux allocutions mortuaires, et encore. De grâce, M. l'Auteur, soyez naturel, voyons. Au besoin, allez faire un petit tour chez les fermiers des pays d'en haut et vous verrez que ces braves gens sont loin d'être les collets montés que vous nous servez tous les jours.»

Autres temps...

Pour nous consoler, ou nous distraire, allons voir le premier film québécois, *Le Père Chopin*, produit par Renaissance-Film. Et relisons *Au pied de la pente douce* et *Le Survenant*, que viennent de publier Roger Lemelin et Germaine Guèvremont.

Le Père Chopin de Fédor Ozep, avec Paul Guèvremont, Mimi Durand, Madeleine Ozeray, P. Durand, Jeanne Maubourg, M. Chabrier, L. Roland, Ginette Letondal et Pierre Dagenais.

Les parties déclarent ce qui suit...

En 1944 et en 1945, l'Union des Artistes met en place quelques grands instruments de négociation, signe des accords et s'associe aux artistes de Québec, poursuivant l'édification de la grande structure sur laquelle l'institution repose encore aujourd'hui.

Les annonceurs

Les annonceurs se sont rattachés à l'Union en 1943. Cette année, l'Union remporte une première victoire à Radio-Canada en signant la première convention des annonceurs. Voici quelques exemples de tarifs:

```
15 minutes: 6,00$
30 minutes: 10,00$
60 minutes: 17,00$
```

Les artistes de Québec

Les artistes de Québec veulent adhérer à l'Union. Ils sont acceptés à titre de membres associés, pour une période de six mois, sans participation au fonds de secours ni à l'assurance-mutuelle. En 1945, une carte des tarifs est acceptée par les artistes de Québec. Est-il indélicat de signaler que les artistes de Montréal gagnent plus que le double de ceux de Québec?

Un conseiller juridique

Le président Delage, lui-même avocat, fait nommer le premier conseiller juridique de l'Union, Me Claude Prévost, au salaire de 500$ par mois.

Entente avec les réalisateurs

L'Union conclut une entente avec la Guilde des réalisateurs. Les membres de l'Union ne travailleront qu'avec des réalisateurs faisant partie de la Guilde, qui s'engage, de son côté, à n'employer que des membres de l'Union.

Les rapports des deux associations connaissent leur apogée au moment de la grève des réalisateurs de Radio-Canada, en 1959.

Les étrangers

Enfin, l'épineuse question des artistes étrangers trouve un début de solution. La position de base de l'Union reste la même: elle n'admettra pas plus de trois membres étrangers par an. Toutefois, un artiste étranger qui aurait rempli toutes les conditions et tenu tous ses engagements envers l'Union pourrait, après trois ans, sur recommandation du bureau de direction, devenir membre régulier.

Et François Rozet devient enfin membre régulier de l'Union.

À g.: Fred Barry, père du théâtre canadien d'expression française. (Coll. Phil Laframboise)

À dr.: À l'époque de la fondation de l'Union des Artistes, Roger Baulu était déjà surnommé le «le prince des annonceurs». (Coll. P. L.)

En bas: *Nazaire et Barnabé*, l'une des émissions d'humour les plus percutantes de la radio. Ovila Légaré et Georges Bouvier y incarnaient plus de vingt personnages. De g. à dr.: l'annonceur Alain Gravel, Georges Bouvier, Ovila Légaré, le technicien Jean-Marc Audet et le réalisateur Ferdinand Biondi. (Coll. P. L.)

Ci-dessus: La renommée d'Olivier Guimond, père (Ti-Zoune) s'étendait tout aussi bien au Canada anglais qu'au Québec. (Coll. P.L.)

À dr.: Nul ne contestera à Rose Ouellette (La Poune) le titre de comique féminine par excellence.

À g.: Avant d'incarner la grosse Georgiana des *Belles Histoires des pays d'en haut*, Réjane DesRameaux avait créé le premier courrier radiophonique, *Courrier et confidences*. (Photo: La Rose. Coll. P.L.)

Ci-dessous: Lucille Dumont, l'incontestable «grande dame de la chanson». (Coll. P.L.)

Ci-dessus: La popularité acquise par Mimi D'Estée dans son rôle de *Grande Sœur* lui valut d'être la première reine de la radio en 1939-1940. (Photo: Famous Studio. Coll. P.L.)

À dr.: Dans les années 1940, la carrière d'Alys Robi rejoignait dans son ampleur celle des grandes vedettes internationales d'aujourd'hui. (Photo: De Bellis. Coll. P.L.)

À dr.: D'abord correspondant de guerre à Londres, Jacques Desbaillets fit une longue carrière à la télévision et à la radio où il fut longtemps le partenaire de Jovette Bernier dans *Quelles nouvelles?*

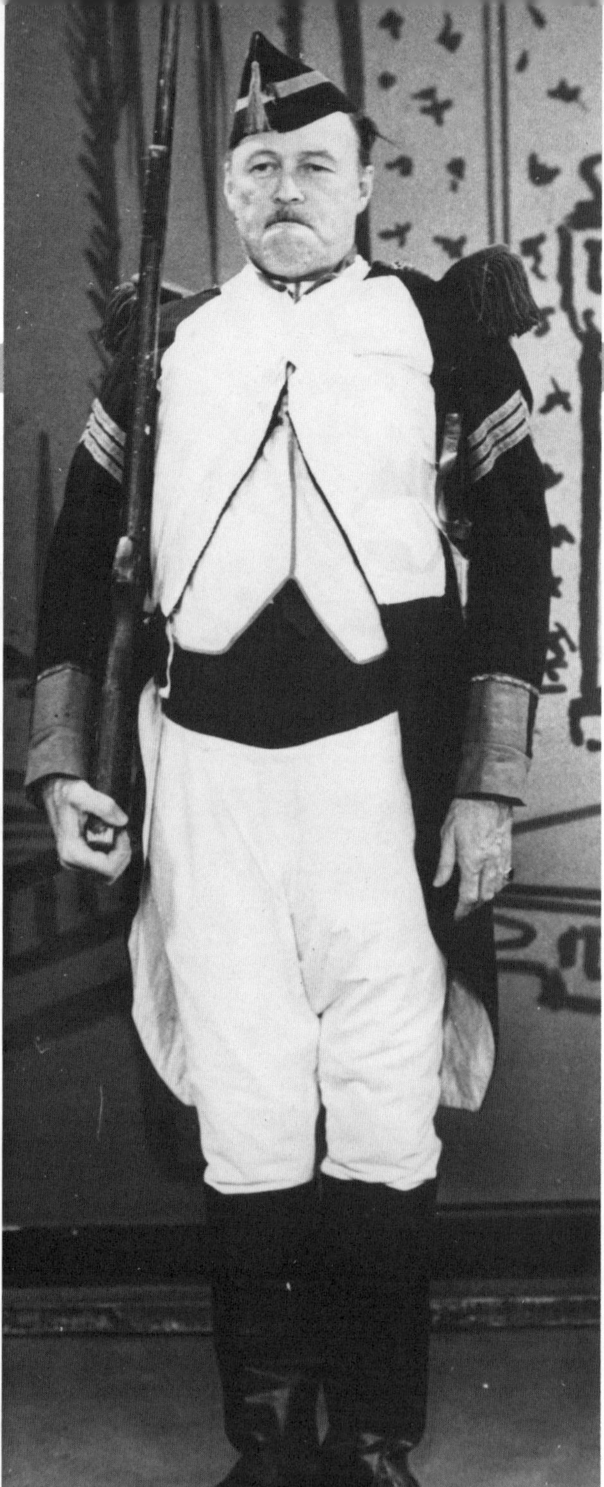

À g.: Découverte de Jean Lalonde, Muriel Millard se vit attribuer le titre de Miss Music-Hall. (Photo: CFTM-TV)

À g.: Journaliste de carrière, Odette Oligny fut la première à s'adresser à ses auditrices sur un ton familier. (Photo: La Rose. Coll. P.L.)

Ci-dessous: Marcelle Barthe, la première femme annonceur de Radio-Canada. (Coll. P.L.)

Ci-dessus: Le prolifique Ernest Pallascio-Morin. (Coll. P.L.)

À dr.: Première grande humoriste de la radio, Jovette (Alice) Bernier fut aussi la première femme à être admise dans la salle de rédaction d'un quotidien.

Ci-contre : Jean Desprez (Laurette Larocque-Auger) joua un rôle de premier plan dans la vie artistique de son temps. (Photo: Camille Casavant. Coll. P.L.)

Ci-dessous: Antoinette et Germaine Giroux qui donnèrent au théâtre québécois tout un éclat. (Coll. P.L.)

À g.: Le soprano Claire Gagnier contribua à faire connaître l'opéra et l'opérette. (Coll. P.L.)

À dr.: Le ténor québécois Raoul Jobin a brillé aussi bien à l'Opéra de Paris qu'au Metropolitan Opera de New York. (Coll. P.L.)

En bas: L'inoubliable animateur du *Cabaret du soir qui penche*, Guy Mauffette. (Coll. P.L.

1945-1960
Le syndicat
Un culture qui s'enracine

1946-1951
Du fleurdelisé à la Manicouagan

Plus le temps passe, plus nous sommes nombreux à nous reconnaître dans une époque pas si lointaine mais pourtant radicalement différente, voire opposée à celle que nous vivons. Et force nous est de constater que sous l'apparente immobilité des choses, un formidable grouillement se fait jour. On n'a jamais connu de temps où le printemps ne soit pas venu adoucir l'hiver. Jamais.

À preuve: c'est entre 1950 et 1951 que les pare-brises des voitures ont cessé d'être séparés par un montant de métal, élargissant physiquement et symboliquement notre champ de vision.

À preuve: le *Refus global* rédigé et publié en 1948 par Paul-Émile Borduas.

Il faut le lire pour le croire.

Paul-Émile Borduas.
(Photo: *La Presse*)

Rejetons de modestes familles canadiennes-françaises, ouvrières ou petites bourgeoises, ... restées françaises et catholiques par résistance au vainqueur...
Colonie précipitée dès 1760 dans les murs lisses de la peur, refuge habituel des vaincus;...
Un petit peuple serré de près aux soutanes... tenu à l'écart de l'évolution universelle...»
Mais bientôt: «*... Des consciences s'éclairent au contact vivifiant des poètes maudits... Un peu de lumière se fait...*
Les frontières de nos rêves ne sont plus les mêmes.

... Au diable le goupillon et la tuque!
... Le règne de la peur multiforme est terminé.
... Du règne de la peur soustrayante nous passons à celui de l'angoisse.
... À ce règne de l'angoisse toute puissante succède celui de la nausée.
... L'écartèlement aura une fin.
... Un nouvel espoir collectif naîtra.
... D'ici là notre devoir est simple.
Rompre définitivement avec toutes les habitudes de la société, se désolidariser de son esprit utilitaire.
... Place à la magie! Place aux mystères objectifs!
Place à l'amour!
Place aux nécessités!
... Nos passions façonnent spontanément, imprévisiblement, nécessairement le futur.
... Un magnifique devoir nous incombe aussi: conserver le précieux trésor qui nous échoit. Lui aussi est dans la lignée de l'histoire.
... Ce trésor est la réserve poétique, le renouvellement émotif où puiseront les siècles à venir. Il ne peut être transmis que TRANSFORMÉ, sans quoi c'est le gauchissement.
... D'ici là, sans repos ni halte, en communauté de sentiment avec les assoiffés d'un mieux être, sans crainte des longues échéances, dans l'encouragement ou la persécution, nous poursuivrons dans la joie notre sauvage besoin de libération.

Ce manifeste, Paul-Émile Borduas le paiera de son poste de professeur à l'École du meuble. Duplessis a dû rire dans sa barbe. Il rirait moins s'il constatait, aujourd'hui, que les admonestations du peintre sont devenues des prévisions trop bien vérifiées.

Le 21 janvier 1948, le drapeau fleurdelisé flotte pour la première fois sur le parlement de Québec. La même année, Duplessis entreprend une sournoise

66 / Le syndicat

La marche des travailleurs d'Asbestos, mars 1949. (Photo: *Montreal Star*, APC CA-130357)

campagne contre l'archevêque de Montréal, monseigneur Charbonneau. Par le biais de sociétés contrôlées indirectement, l'archidiocèse de Montréal possède le journal *Le Devoir* et c'est monseigneur Charbonneau qui y fait entrer Gérard Filion et André Laurendeau. Le quotidien n'est pas naturellement favorable à la politique de l'Union nationale. Il lui devient franchement hostile à la suite des émeutes consécutives à la grève d'Asbestos.

En février 1949, environ la moitié des 5000 travailleurs de l'amiante, à Asbestos, se mettent en grève. Des intellectuels comme Jean Marchand et Michel Chartrand prennent le parti des grévistes. Monseigneur Charbonneau aussi, qui y voit une autre façon

Jean Duceppe et Jean-Marie [Lem]ieux dans *Charbonneau et le [C]hef*. (Photo: François Brunelle)

de s'opposer à Duplessis. L'affaire prend des proportions inattendues. Le syndicat est révoqué, la police provinciale intervient, des bagarres éclatent, et l'Acte d'émeute est lu:

> *Notre souverain seigneur le Roi enjoint et ordonne à tous ici présents de se disperser immédiatement et de retourner paisiblement à leurs domiciles ou occupations légitimes sous peine d'être reconnus coupables d'une infraction passible de l'emprisonnement à perpétuité. Dieu sauve le Roi.*

Monseigneur Charbonneau est démis de ses fonctions d'archevêque de Montréal et finira ses jours en exil à Victoria, en Colombie-Britannique. Le prélat tire de l'incident la conclusion suivante: «Duplessis dit:

Répétition d'*Un fils à tuer* au Théâtre d'Essai de Montréal: Guy Provost, Ginette Letondal, Éloi de Grandmont (auteur), Huguette Oligny et Jean-Louis Roux (metteur en scène).

68 / Le syndicat

Les évêques mangent dans ma main; et malheureusement, c'est vrai.» C'est le futur cardinal Léger qui lui succède sur le trône épiscopal de Montréal.

D'autres piliers culturels fondamentaux se dressent dans le paysage culturel du Québec: le théâtre du Rideau Vert, le Théâtre d'essai, qui deviendra le théâtre du Nouveau-Monde en 1951 sous l'impulsion de Jean Gascon; Pierre Tisseyre fonde le Cercle du livre de France et inaugure ici la formule du club du livre. Les Jeunesses musicales du Canada, fondées en 1949, organisent des tournées d'interprètes québécois et étrangers dans la plupart des villes du Québec, et établissent en 1951 un camp musical d'été au mont Orford, pour y recevoir des étudiants et offrir des concerts.

Bien des choses sont en train de changer «au pays de Québec» et une poignée d'intellectuels en sont conscients, qui veulent infléchir le destin de la cité. Dix d'entre eux, au nombre desquels figurent Gérard Pelletier et Pierre Elliott Trudeau fondent *Cité Libre* en 1950.

Et pendant ce temps, les foules se pressent aux guichets des cinémas où on projette le premier grand succès québécois, *La petite Aurore, l'enfant martyre*.

En haut: Jean Gascon.
En bas: Pierre Tisseyre.

Vous avez dit «télévision»?

Les premiers disques 33 tours font leur apparition en 1948, les premiers 45 tours l'année suivante. Qui ne se souvient qu'en ces années-là on découvrit sur nos phonos l'existence d'une autre vitesse de révolution, 16 tours, qui ne mena nulle part?

Le cinéma, lui, mène tout le monde par le bout du nez. Quarante-quatre millions de spectateurs se sont présentés aux guichets des cinémas en 1944; en 1950, ils sont cinquante-quatre millions. Les plus petits patelins ont leur cinéma. Pour les gens de mon âge, c'était le seul endroit vraisemblable pour déclarer un amour éternel à une jeune fille du voisinage.

Outre d'y manger du *pop-corn* et d'embrasser sa voisine, qu'y voit-on? Des films américains principalement, pour la moitié, un quart de films français, le reste se composant de divers films européens avec, très rarement, un film québécois. Et pourtant, sans que nous ne nous en rendions vraiment compte, nous assistions à la naissance du cinéma québécois.

Renaissance-Films, de J.-A. De Sève et Québec-Productions de Paul

Paul Desmarteaux, Yvonne Laflamme et Lucie Mitchel dans *La petite Aurore, l'enfant martyre*. (Cinémathèque québécoise)

Jeunesse dorée, avec Marthe Thiéry, Roger Daveluy, Jean-Paul Kingsley, Yvette Brind'Amour, Fred Barry, Jacques Auger, Albert Cloutier et Roger Baulu.

L'Anglais se partagent les écrans. La première compagnie produit *Les lumières de ma ville*, la seconde, *Un homme et son péché*, *Le curé de village* et *Séraphin*, qui reprennent les thèmes des radioromans. Pendant ce temps, à l'Office national du film, Norman McLaren commence à produire de courts métrages qui porteront sa réputation et celle de l'institution qui l'emploie aux quatre coins du monde.

Mais tout n'est pas simple dans le beau monde du cinéma, et les angoissantes questions que pose encore aujourd'hui cette «industrie» surgissent déjà dans l'esprit des chroniqueurs de l'époque. René-O. Boivin, de *Radiomonde*, fait le point dans l'édition du 26 novembre 1949: «En un peu plus d'un an, le cinéma canadien a présenté trois films: *Un homme et son péché*, *Le gros Bill* et *Le curé de village*...

Le résultat général de cette activité, sans avoir été un déficit net à la caisse, n'a pas apporté ce que les hommes de chiffres désignent par succès financier, de même qu'il n'a pas donné les marques d'une perfection artistique.

Notre jeune cinématographie subit une crise de croissance (...). Toute débutante, notre industrie cinématographique ne peut espérer pénétrer le marché international, pour quelques années du moins — les grandes organisations trustant les circuits de projection. Il lui faut donc se fier pour survivre — c'est-à-dire pour rentrer dans sa mise d'argent et en obtenir un profit légitime — à la province de Québec et à la Nouvelle-Angleterre (...).

Que des producteurs prévoyants consentent à perdre pendant un certain temps de l'argent afin de servir des films de valeur, afin de créer, envers nos œuvres cinématographiques, une préférence sur celles de l'extérieur et un marché avantageux naîtra... peut-être!»

La même question se pose toujours en 1987.

Cependant, c'est vers la télévision que se tournent toutes les pensées. On sait que les Américains «l'ont» depuis les années quarante et nous attendons impatiemment notre tour. Un chroniqueur de *Radiomonde*, Eugène Lapierre, s'étant rendu aux États-Unis pour la tenue d'un congrès, en revient avec des constatations désolantes: «Au cinéma, la succession et la superposition des images se font avec une rapidité telle que les yeux n'en souffrent pas trop (...). Dans les appareils de télévision au contraire, tels qu'ils sont présentement fabriqués, le papillottement surmène la vision et au bout d'un laps de temps qui varie d'un spectateur à l'autre, l'observation est loin de rester un plaisir.»

Pour ma part, quand j'ai vu pour la première fois un appareil de télévision, j'ai été déçu de la déconcertante ressemblance qu'il présentait avec l'imposant poste de radio qui trônait au salon chez nous. On aurait dit un poste ordinaire auquel on aurait ajouté un haut-parleur recouvert d'une vitre. Qui plus est, il ne marchait pas. À quelle heure fonctionnait-il? On me dit qu'on parvenait, certains soirs où les conditions météorologiques étaient particulièrement favorables, à capter des images provenant de la frontière américaine.

Et je suis rentré chez moi, attendre deux ou trois ans, qu'une antenne pousse sur le toit de la maison de mon père.

L'Union s'installe

Dès 1947, la direction de l'Union met sur pied un comité chargé d'étudier la question du cinéma. Rien n'est cependant résolu, dans ce domaine, avant bien des années.

Cette année-là, on décide de consacrer des fonds à la création d'une maison de retraite pour les artistes. Le projet tarde à se concrétiser. En attendant (qu'on me pardonne mon humour noir), on procède à l'achat d'un terrain au cimetière de la Côte-des-Neiges.

Je m'incline respectueusement ici devant la mémoire de ceux et celles qui ont gravé, de leur souffle et de leur cœur, leur nom d'artiste sur les pages du temps qui passe.

À l'Union, on continue de se battre pour l'obtention des principaux éléments de ce qui constituera éventuellement le fameux «statut de l'artiste», en réclamant que le gouvernement fédéral prélève de l'assurance-chômage à tous ceux qui font plus de deux heures de micro par semaine.

En 1948, l'Union conclut avec la Société des auteurs dramatiques (le président en est le chroniqueur René-O. Boivin de *Radiomonde* et Me Gérard Delage en est «l'aviseur légal») une entente du même type que celle qu'elle avait précédemment signée avec la Guilde des réalisateurs: les membres de l'une ou l'autre des deux associations ne travailleront qu'avec les membres de l'autre association et que pour eux.

En 1951, on procède à la première étude sur les cachets de télévision. Déjà, en 1948, on avait délégué un

Bernard Goulet.
(Coll. Phil Laframboise)

membre à New York, Bernard Goulet, pour qu'il participe aux séances de formation du Television Workshop.

L'Association of Canadian Advertisers s'apprête à signer une convention avec l'Union.

Par ailleurs, le 5 octobre 1951, l'Union signe son premier contrat collectif avec Radio-Canada.

Enfin, le 22 novembre 1951, l'Union met sous contrat son premier chargé d'affaires, Bernard Hogue (connu au théâtre et à la télévision sous le nom de Clément Latour).

1952
Les amours de Cécile

La télévision. Ils sont nombreux aujourd'hui à croire, faute d'y avoir réfléchi, qu'elle a toujours existé. Et bientôt, sur terre, ils seront minoritaires, ceux qui l'auront vu naître.

Je n'ai pas assisté à la présentation de la première soirée de télévision. J'ai dû aller me coucher comme tous les autres soirs, le samedi 6 septembre 1952. Nous étions encore au chalet, à la toute veille de rentrer en ville. L'école allait reprendre et, de toute façon, nous n'avions pas d'appareil récepteur de télévision.

Mon père n'est plus là pour m'en parler, mais je le soupçonne d'avoir été du nombre de ceux qui résistèrent à l'envahissement de cette «boîte». C'était un homme austère, il avait une petite moustache étroite sous le nez; avec du recul, je lui reconnais une certaine libéralité de pensée, mais il pratiquait un effroyable conservatisme des mœurs. Je l'ai évoqué dans l'un ou l'autre de mes romans: cet homme était convaincu de l'importance de poser avec exactitude ses pas sur les empreintes de ceux que son père avait laissés sur la terre. Et le père de mon père n'avait jamais regardé la télévision!

Je ne fais pas de morale, je parle de télévision, car tout est là! Pour accepter la télévision, pour y accéder mentalement, il fallait admettre le principe du changement. Or, mon père était de ceux (par milliers et par millions peut-être) qui croyaient en l'immuabilité de la vérité.

Aussi, ce n'est sans doute pas pour des raisons économiques, comme je l'ai longtemps cru, mais plutôt en raison de principes d'ordre moral et éthique, que l'antenne refusait toujours de pousser sur le toit de la maison de mon père. Et je me suis mis à jouer le rôle traditionnellement dévolu aux enfants dans l'évolution du monde, en forçant mon père à changer d'attitude à l'endroit de la télévision naissante.

Roger Lemelin.
(Coll. Phil Laframboise)

D'abord, j'ai commencé par voir de quoi il en retournait. Sous prétexte d'aller jouer à la balle le soir, après le souper, je m'enfermais chez les Sinclair, dans le salon aux lourdes tentures closes, en compagnie des nombreux enfants de cette famille où j'ai eu ma première «blonde», et j'apprenais à turluter l'indicatif musical de *La famille Plouffe*, de la même façon qu'aujourd'hui mon fils chantonne à cœur de jour les *jingles* des publicités. Je crois bien que mon père devait savoir où j'étais et ce que j'y faisais. C'est le propre des pères de tout savoir et de ne rien dire, en se mordillant la moustache.

Puis, à table, d'un midi à l'autre, je sapais l'autorité paternelle en racontant «ce qu'on m'avait rapporté» de l'intrigue du téléroman de Roger Lemelin. Je supputais savamment les chances de Cécile Plouffe de s'attacher un amant à la hauteur de ses attentes. Et j'enjolivais, j'en mettais plus que nécessaire, pour faire saliver mon inflexible père. Faut-il y voir le germe de mon futur métier d'écrivain? La nécessité est la mère de toutes les inventions.

La famille Plouffe: Émile Genest, Jean-Louis Roux, Thérèse Cadorette, Doris Lussier, Nana de Varennes, Paul Guèvremont, Pierre Valcourt, Ronald Luttrell, Denise Pelletier, Rolland Bédard et Amanda Alarie.

J'insistais insidieusement. Il y avait des concerts, comme mon père les aimait, des opérettes, et on entendait parfois Lionel Daunais interpréter des «airs du bon vieux temps». Se priverait-il encore longtemps de tous ces trésors?

C'était au printemps, juste avant le changement d'heure, alors que certains midis ont déjà des tendresses prometteuses. Je rentre dîner à la maison et je poursuis consciencieusement mon travail de sape. Non, je n'ai rien remarqué, bien qu'il ait dû s'échanger force clins d'œil et sourires entre mon père et ma mère, ce midi-là.

Le soir même, en rentrant de l'école, une antenne avait poussé sur le toit de notre maison.

Une autre lanterne magique

Donc, le samedi 6 septembre 1952, la mire est en place de 10h00 le matin à 3h59 l'après-midi (on n'avait pas encore adopté la numération européenne des heures), moment de la première identification de CBFT et de CBMT, les services français et anglais de Radio-Canada ne disposant alors que d'une seule antenne. Puis, ce sont: *Aladin and His Lamp, The Town Mouse and the Country Mouse, Little Red Riding Hood, Uncle Tom and Little Yvan*, de même que *Three Little Kittens*, avant que ne défilent à l'écran les premières images en français, celles du *Briquet enchanté*.

Ce premier bloc d'émissions prend fin à 5h59, non sans que deux incidents techniques n'aient marqué la présentation des deux premières heures de la télévision canadienne. Le rapport du technicien de service signale en effet une première rupture du film à 4h40 (la panne durera 9 minutes), et une seconde, de moindre importance, à 5h20.

Qui songerait à regarder la télévision pendant le souper? La diffusion des émissions est suspendue de 6h00 à 7h30, au profit de l'omniprésente «tête de sauvage».

Au retour, des nouvelles sous forme de rétrospective de l'été qui vient de se terminer, *Le club d'un soir* puis, à 8h33, *Les coulisses de la télévision*, qui souffrent à leur tour de trois interruptions dues à de mauvais collages de la pellicule.

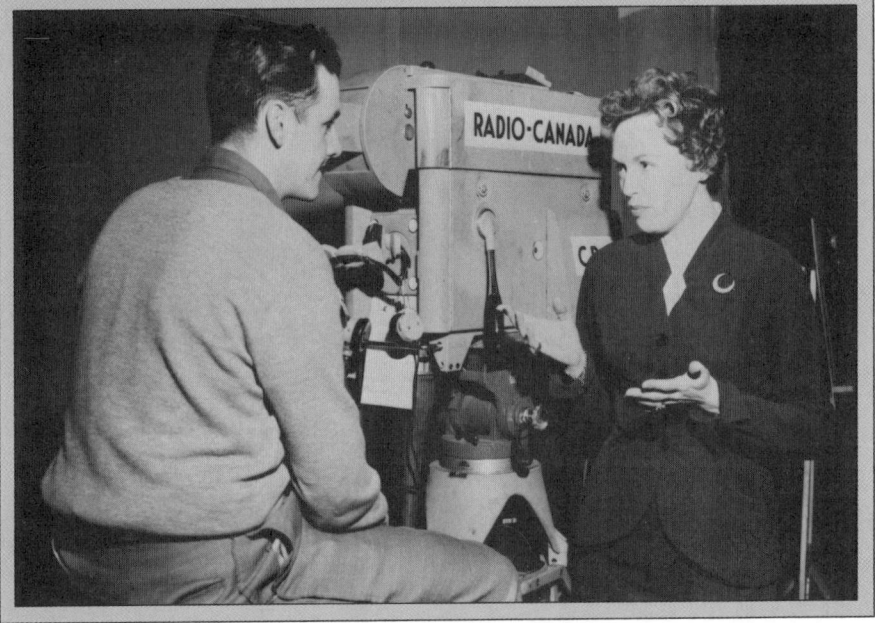

Henri Bergeron qui fut longtemps «la première voix» de Radio-Canada.

Michèle Tisseyre, la première animatrice à la télévision. (APC C-77926)

La vie d'artiste / 77

Louis Saint-Laurent.

Enfin, à 8h33, la caméra se porte, en direct, sur les invités qui envahissent le grand hall. Monsieur A.D. Dunton, le président du Bureau des gouverneurs de la télévision, s'adresse aux milliers de téléspectateurs qui regardent la télévision canadienne pour la première fois. Le discours du grand homme leur parvient comme empli de l'écho des prophéties, jusqu'à ce que le technicien de service réussisse à harmoniser le volume des deux microphones mis à la disposition des orateurs.

Faut-il rire de ces difficultés techniques? Trente-cinq ans plus tard, l'inauguration du réseau Quatre-Saisons ne sera-t-elle pas marquée à son tour de déboires techniques, dus cette fois à la sonorisation en stéréo?

Mais ne laissons pas ces considérations futiles nous distraire des propos du grand homme. «Le nouveau service, croyons-nous, devra surtout être jugé sur son aptitude à créer des émissions canadiennes, à servir les talents de chez nous, à offrir aux Canadiens un nouveau mode d'expression. Mais c'est surtout par son caractère canadien que le service s'implantera, s'il veut survivre. (...) Ce poste sera un poste bilingue — le premier du genre, croyons-nous, du monde entier.»

Suivait l'allocution, en anglais seulement, du ministre du Revenu, J.J. McCann, responsable de la Société Radio-Canada devant le Parlement. «Canada can be accused of having been slow in introducing this new and important means of communication, and of not having kept abreast of other countries like France, Great Britain and the United States, where it was introduced in 1939 but was interrupted by war in 1941. However, its progress since the war has been astonishingly rapid in spite of serious technical and financial problems.»

Le premier ministre Louis Saint-Laurent, retenu à l'autre bout de notre grand pays par des fonctions plus pressantes, avait enregistré son discours sur film.

«Ce nouveau service vous fournira sûrement bien des occasions d'occuper et de charmer vos loisirs. D'autre part, il ouvrira aux talents canadiens un vaste champ d'initiatives nouvelles. Il devra aiguiser en nous le sens de nos ressources créatrices. Le Canada dispose ainsi d'un nouveau moyen de s'extérioriser. Notre télévision devra nous ouvrir de nouveaux aspects de la vie canadienne et, de la sorte, nous aider à nous mieux comprendre les uns les autres. De même qu'elle reflétera nos mœurs et nos idéaux canadiens, de même elle devra nous aider à considérer avec sympathie la vie et l'activité créatrice des autres nations. Elle devra permettre à la vie familiale et nationale canadienne de donner tous ses fruits.»

Et c'est ainsi que naquit, un soir de septembre 1952, une télévision qui portait et porte encore le nom de «radio»: Radio-Canada.

Plus cher l'heure

En cette année 1952, où tous les esprits se tournent vers la télévision naissante, le bureau de direction de l'Union s'attache d'abord à régler des problèmes pas nouveaux (et encore non résolus) relatifs au doublage des films en français. À cette fin, on propose que des démarches soient faites pour obliger les compagnies cinématographiques, qui envoient des pellicules doublées en français au Québec, à les faire doubler dans la province.

On édicte la carte temporaire des tarifs de la télévision.

---

15 minutes:
15$ de cachet de base,
avec cachet minimal de 30$

30 minutes:
25$ de cachet de base,
avec cachet minimal de 50$

60 minutes:
40$ de cachet de base,
avec cachet minimal de 80$

Les répétitions seront payées 4$ l'heure pour les programmes de soutien, et 5$ l'heure pour les réclames.

Cependant, on constate que Radio-Canada, au cours de la période de rodage de ses installations et de son personnel, produit des émissions qu'elle n'a pas l'intention de présenter au public. L'Union consent des tarifs réduits pour ses membres qui contribuent à cette entreprise, à la condition que les films tournés pendant cette période ne soient pas utilisés plus tard. Le tarif de base de ces heures d'expérimentation est de 4$ l'heure, quel que soit le genre de travail.

Enfin, on procède, en cours d'année, à un référendum pour amender les statuts de l'Union. La principale disposition nouvelle découlant de cette initiative porte sur l'élargissement du champ d'action de l'Union à la télévision et au cinéma. Cent quarante-cinq membres se prononcent en faveur de cette ouverture, alors que vingt et un n'en voient pas l'avantage. On se demande encore aujourd'hui pourquoi.

Enfin, le troisième président de l'Union, Me Gérard Delage, présente une lettre de démission qui est refusée. Me Delage est devenu, l'année précédente, chef des relations extérieures à l'agence de publicité Vickers & Benson. Le bureau de direction de l'Union parvient à convaincre son dévoué président de retirer cette lettre. Me Delage servira encore l'Union deux ans.

1953-1955

De Jean Drapeau à Maurice Richard

Un observateur extérieur aurait pu croire en 1953-1955 que la société québécoise ne changeait guère. Les ailerons des voitures allongeaient certes d'année en année jusqu'au fin fond des campagnes, les «frigidaires» avaient remplacé les glacières, et une forêt d'antennes s'élevait sur les toits des maisons. Mais la procession des soutanes et des cornettes témoignait d'une stabilité des valeurs devant perpétuer à jamais un Québec attaché à son mode de vie traditionnel. L'abbé Charles-Émile Gadbois, le grand propagateur de *La bonne chanson*, fondait la station CJMS (Canada Je Me Souviens), et Maurice Duplessis pouvait déclarer: «... au nom de la Province et au nom du gouvernement: Je crois en Dieu et je crois en la religion catholique.»

Cependant, la ville de Montréal avait atteint le million d'habitants en 1951. Le «Red Light District», comme il était convenu de l'appeler, compris entre les rues Sainte-Catherine, Lagauchetière, Saint-Denis et Saint-Laurent, constituait un quartier de plus en plus louche. Le chef de l'escouade de la moralité, l'avocat Pacifique Plante, au prénom prédestiné, celui-là même qui avait administré les affaires de Gratien Gélinas à ses débuts, part en guerre contre le jeu et la

Jean Drapeau.

prostitution. Sa campagne va soulever l'une des plus vives controverses qu'ait connues Montréal, et déboucher sur un changement d'administration, de règne dirions-nous, dont nous venons de voir le terme en 1986.

La guerre que fait Pacifique Plante à l'immoralité soulève tant d'objections en haut lieu qu'il est démis de ses fonctions un an après l'avoir entreprise. Sa longue lutte pour reconquérir son poste conduira le jeune avocat Jean Drapeau à la mairie.

Sitôt démis de ses fonctions à l'escouade de la moralité, Pacifique Plante (on ne le désignera plus que sous le nom de Pax Plante) fonde la Ligue d'action civique, épaulé par messieurs J.-Z.-Léon Patenaude et Pierre Des Marais. Pax Plante publie des articles à la dizaine dans *Le Devoir*, intitulés «Montréal sous le règne de la pègre.»

Pour forcer les autorités municipales à le réintégrer dans ses fonctions, et pour obtenir réparation suite aux propos diffamatoires dont il a été l'objet, Pax Plante, avec Jean Drapeau, présente une requête en Cour supérieure le 11 mai 1950.

L'enquête sur la moralité publique à Montréal s'ouvre devant le juge François Caron le 11 septembre 1950. Elle va durer trois ans et s'étendre sur 370 séances. Le juge Caron prend l'affaire en délibéré le 2 avril 1953.

Les mœurs et le paysage urbain changent. C'est l'époque où les Québécois se familiarisent avec le concept des centres d'achats. Steinberg construit le premier à Dorval, dans un vaste pâturage. Depuis la crise et la guerre, de grands quartiers défavorisés prolifèrent au sud de la petite ville de Longueuil. L'agglomération devient Ville Jacques-Cartier, connaît un développement anarchique et est éventuellement mise en tutelle par le gouvernement avant d'être annexée à Longueuil.

De la clinique Mayo, au Minnesota, où il est allé consulter les plus grands spécialistes au sujet de son état de santé, le maire Camillien Houde annonce qu'il prend sa retraite, en septembre 1954. Le départ de Monsieur Montréal ouvre la porte à tous les lions qui rôdaient autour de l'Hôtel de ville. D'emblée, la Ligue d'action civique décide de présenter Jean Drapeau. Le sénateur Sarto Fournier lui fait la lutte.

Par coïncidence, providentielle ou diabolique, le juge François Caron rend sa sentence quelques jours avant l'élection. Après avoir établi que le vice commercialisé jouissait de la tolérance des autorités, et destitué le directeur de la police, Albert Langlois, et d'autres officiers, le magistrat déclare que Pax Plante a été congédié à tort. Jubilation dans le camp Drapeau-Plante-Patenaude-Des Marais. Le jeune avocat aux grosses lunettes noires est élu avec une très forte majorité. La Ligue a fait élire 25 conseillers. Pierre Des Marais est nommé président du comité exécutif et Pax Plante reprend son poste à la section de la moralité. Un nouveau règne commence à Montréal.

Dès le printemps suivant, plus précisément dans la nuit du 17 au 18 mars 1955, l'administration Drapeau-Des Marais doit faire face à la pire émeute que le Québec ait connue depuis la conscription. On, (et ce «on» porte le nom de Clarence Campbell, le président de la Ligue nationale de hockey), a osé

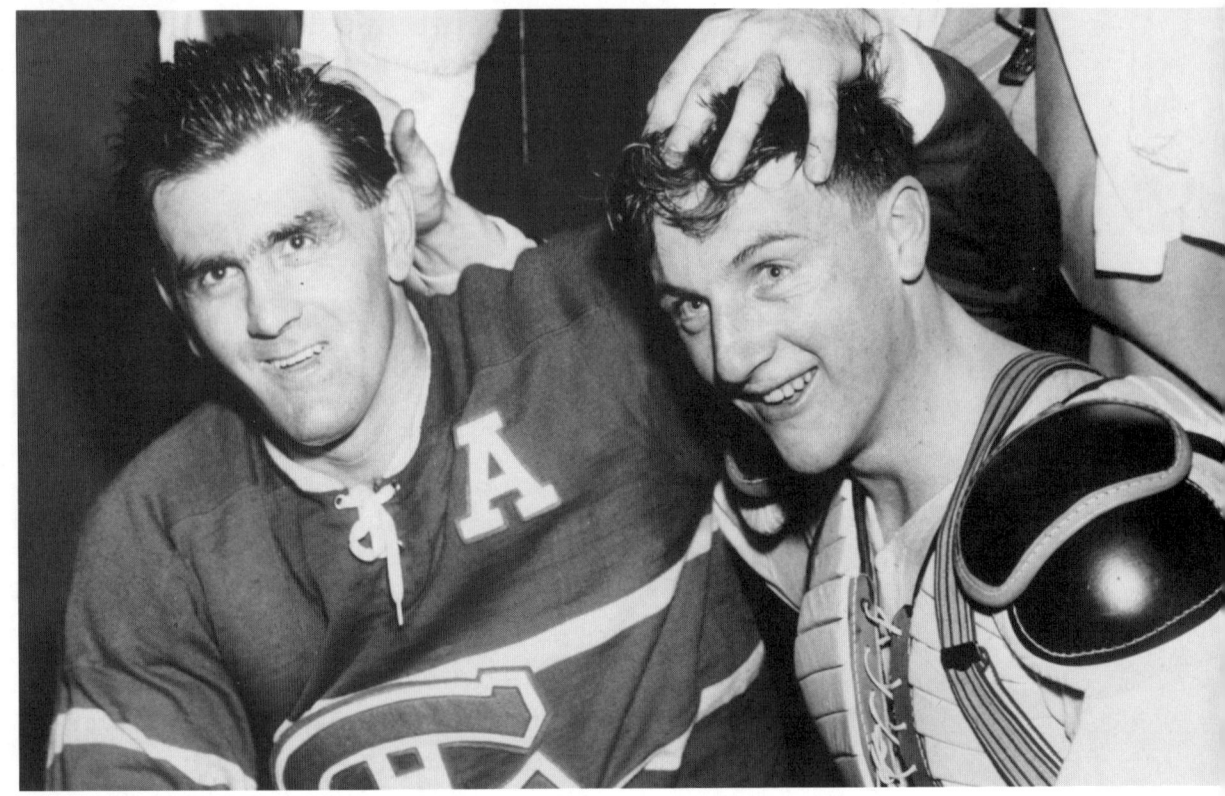

Maurice Richard et Dickie Moore. (Photo: *La Presse*)

toucher à Maurice Richard, le héros national. Ce dernier a été suspendu pour avoir frappé un juge de ligne au cours d'une partie disputée à Boston. Quelques jours plus tard, le 17 mars, le Canadien rencontre Detroit au Forum. Le président Campbell a l'outrecuidance de prendre place parmi la foule. Les projectiles pleuvent. Un spectateur parvient à frapper l'odieux Campbell. La partie est interrompue et la victoire concédée à Detroit. L'émeute se poursuit toute la nuit.

On ne touche pas impunément aux héros québécois, surtout s'ils s'appellent Richard ou Drapeau!

Jean-Louis Barrault deux fois

J'ai vu par deux fois Jean-Louis Barrault de près. La première fois, j'étais au collège de Nicolet, le grec et le latin me sortaient par les oreilles, je désespérais qu'on nous propose jamais d'autres modèles que ceux d'Hector et d'Ulysse devant la ville de Troie, et soudain on nous annonce qu'une troupe venue de France présentera, dans la grande salle académique, du théâtre contemporain. Ce devait être du Claudel, il me semble. Je ne peux pas me tromper beaucoup, c'était toujours du Claudel.

Théâtre, vibrations profondes, des comédiens célèbres à la voix chaude et de grandes comédiennes très décolletées. Après le spectacle, la troupe est reçue chez le journaliste local. Fréquentant les lieux à l'occasion, je m'y glisse. Et c'est ainsi que j'ai bêtement serré la main de Jean-Louis Barrault, qui a dû se demander à qui il avait affaire, dans le salon de Louise et de Renald, entre la plante en pot où je secouais ma pipe et le tourne-disques sur lequel je remettais inlassablement Brassens. Comme quoi, même en ces années prétendues obscures, la grande culture nous parvenait jusque dans les patelins les plus humbles.

Mais il ne faut pas tout attendre des Français. De fait, le théâtre de

Pierre Dagenais, directeur fondateur de l'Équipe, remet au sénateur Thomas Viens un chèque représentant la moitié des profits de la soirée Marius présentée le 11 novembre 1944. (Photo: *La Presse*)

Monique Lepage au Théâtre-Club qu'elle a fondé avec Jacques Létourneau en 1954.

répertoire connaît, à la même époque, une popularité qu'il ne retrouvera peut-être jamais, en tout cas pas sous la même forme. Je revois Pierre Dagenais, grave et tendu, évoquer pour moi la décennie précédente, où il était à l'apogée de sa notoriété, frappant du poing sur le bras de son fauteuil pour marquer vers quels sommets exigeants il entraînait alors le public. Jusqu'à offrir à Jean-Paul Sartre la première représentation mondiale de *Huis clos*, dans les Jardins de l'Ermitage: c'était L'Équipe.

Par ailleurs, en 1953, les Compagnons de Saint-Laurent mettent fin à leurs activités, mais ce n'est pas du tout la fin de quelque chose, c'est plutôt le début de tout un essaimage de comédiens et de comédiennes qui formeront le noyau d'autres troupes et qu'on retrouvera dans les premiers téléthéâtres.

Et c'est aussi de cette époque que date l'ouverture des premiers théâtres d'été, un concept révolutionnaire, qui consistait à accueillir le public dans des granges désaffectées pour lui présenter des pièces légères qui n'étaient pas sans rappeler, au début du moins, le répertoire des tournées.

C'est à l'Ancienne-Lorette qu'on

Marjolaine Hébert, entre Marcel Dubé (à gauche) et Louis-Georges Carrier (à droite).

ouvre le premier théâtre d'été, La Fenière de Georges Delisle. D'autres théâtres apparaissent bientôt: la Piggery de North Hatley, le Théâtre de Percé et la Sun Valley Farm de Sainte-Adèle, fondée par Jacques Normand et dirigé ensuite par Henri Norbert.

Mais le plus prestigieux et le plus connu demeure celui que Marjolaine Hébert fonde à Eastman en 1960. Le Théâtre de la Marjolaine s'impose par sa longévité, son professionnalisme et l'originalité de ses créations.

Enfin, Jean Duceppe ouvre en 1962 son Théâtre des Prairies à Joliette, alors que Mariette Duval et Georges Carrère, en 1967, dotent la banlieue de Trois-Rivières du Théâtre des Marguerites, après avoir donné le coup d'envoi à l'Escale.

Depuis, les théâtres d'été se sont multipliés. À son décès, Pierre Dufresne dirigeait trois salles. Des hommes de théâtre comme Claude Michaud, Réjean Lefrançois, Georges Dor, Pascal Rollin et plusieurs autres suivent les traces de leurs devanciers.

L'enseignement progresse: réorganisation du conservatoire et de la faculté de musique de l'université McGill (1955) et création de la section d'art dramatique du conservatoire de Montréal (1954).

Bien avant la formation de l'École nationale de théâtre et la tardive naissance du Conservatoire d'art dramatique du Québec, deux écoles privées, aux débuts des années '30, avaient formé de jeunes talents devenus depuis nos principales vedettes: le Théâtre des petits et l'École

Madame Jean-Louis Audet.

nouvelle de Camille Bernard que fréquentaient des bambins et des adolescents comme Lisette LeRoyer, Nicole Germain, Denise Bombardier, Louise Marleau, Mimi et Claude Jutra... Mais avant et par-dessus tout, il y avait l'école de madame Jean-Louis Audet, passée à la postérité depuis longtemps. Cet établissement a été beaucoup plus qu'une simple école: c'était un laboratoire où l'on assurait la formation intégrale des étudiants par des cours de maintien, de danse, de diction, de musique, d'art dramatique. Madame Audet créa sur nos ondes radiophoniques deux séries qui firent époque: *Radio Petit-Monde* et *Madeleine et Pierre*, dont les textes sont de son fils André.

Et c'est ainsi que madame Audet lançait ses élèves et les initiait au microphone en plus de monter des spectacles sur scène. Parmi ses nombreux élèves figurent: Roland

Jean-Louis Barrault
et Madeleine Renaud. (Coll. P.L.)

D'Amour, Adrienne Samuel, Shirley Bruce, Jacques Bélair, Fernande Larivière, Pierre Dagenais, François Bertrand, Marjolaine Hébert, Robert Gadouas, Andrée Champagne, Germaine Dugas, Monique Miller, Yves Corbeil, Robert Charlebois, Michel Forget, Serge Turgeon et de nombreux autres.

À la même époque, soit en 1933, à son retour de Paris, Laurette Larocque-Auger (Jean Desprez) fonde son école de diction et d'art dramatique à l'Université d'Ottawa avec studio à Montréal.

Les unes et les uns fréquentent aussi le Conservatoire Lassalle, fondé en 1907, ou les cours de Liliane Dorsen, François Rozet, Tania Fédor, Sita Riddez, Jeanne Maubourg-Roberval...

Pour ma part, je savais instinctivement qu'il y avait loin, de la petite ville de Nicolet où je poursuivais mes études, à Paris, la Ville-Lumière. J'en ai acquis une certitude plus inébranlable encore en voyant Paris pour la première fois, en 1970.

C'est là que je fis la rencontre de Jean-Louis Barrault pour la seconde fois. Nous marchions le nez en l'air, mon ami Pierre et moi, comme il convient de le faire à Paris, quand une voiture surgit à toute vitesse d'une petite entrée et nous rase de fort près. Je n'ai eu que le temps de reconnaître Jean-Louis Barrault qui sortait du Vieux-Colombier.

Gérard Delage prend la clé des champs

Mᵉ Gérard Delage quitte la présidence de l'Union en 1954. Avec lui, c'est une époque qui prend fin, celle de l'amicale. Les premières années ont été marquées par la bonne entente entre producteurs, diffuseurs et artistes. «Les augmentations de cachets, dit Mᵉ Delage, étaient annoncées 90 jours avant leur mise en vigueur, pour que personne ne soit pris au dépourvu.»

Cette première époque de l'histoire de l'Union est également caractérisée par un fort esprit de solidarité. Une part importante de l'activité de l'Union consiste à organiser des galas, en vue de recueillir des fonds pour venir en aide aux artistes incapables de subvenir à leurs besoins. Cette attitude, qui peut sembler étrange à ceux qui n'ont pas connu ces années d'avant l'État-providence, reflétait simplement la mentalité d'alors. Les citoyens et les associations prenaient en main ce qu'il est convenu d'appeler aujourd'hui l'aide sociale.

Progressivement, l'Union s'aguerrit, surtout depuis l'apparition de la télévision. Selon Mᵉ Delage, «certains voulaient abuser des artistes, les payer le moins cher possible, sous prétexte que de jouer leur permettait de se faire connaître.»

Mᵉ Delage est d'abord un auteur (il a été de la première génération des membres de la Société des auteurs

Gérard Delage, en compagnie de Marcel Provost, Jean Duceppe et Adrien Lauzon. Coll. P.L.)

dramatiques qui deviendra la Société des auteurs recherchistes et documentalistes), mais le public garde surtout de lui le souvenir d'un érudit, fin humoriste, animateur rêvé de quizz et de galas.

C'est un gastronome raffiné. Son histoire d'amour avec la table et les vins date de 1944, alors qu'il devient conseiller juridique de l'Association des hôteliers.

À compter de 1954, il anime la première émission d'entrevues jamais présentée à la télévision, *Télescope*, au cours de laquelle il doit discuter avec des invités qu'il n'a pas rencontrés avant d'entrer en studio. Puis, et surtout, pendant sept ans, il anime *La clé des champs*, dont tous ceux qui ont connu les débuts de la télévision se souviennent.

«On vieillit vite à la télévision, confesse le troisième président de l'Union, qui conserve une fraîcheur et une lucidité exceptionnelles. Je voulais voyager. J'ai choisi le secteur du tourisme et de la gastronomie.»

Sous sa direction, l'Union est passée de l'amicale au syndicat proprement dit. Au départ, le trésorier Lauzon et lui poncent à la main le mobilier de l'Union, détérioré par l'incendie de l'édifice qui abritait l'association. À son départ, en 1954, Me Delage laisse une caisse garnie de 100 000$. Il est alors nommé, comme il se doit, membre à vie de l'Union. Il prend officiellement sa retraite en 1980, mais n'en poursuit pas moins une carrière de conférencier et de rédacteur de chroniques. Au moment où nous l'avons rencontré, il partait pour New York, où il devait prendre la parole au congrès de l'Association des propriétaires de journaux.

Les derniers mots de l'entrevue qu'il nous accorde portent sur la défense de la langue française. «Au début, quand j'ai commencé à donner des conférences à travers le monde, le français était encore la langue diplomatique par excellence. Dans les grands congrès internationaux, c'est le français qui réunissait les participants de toutes les nationalités.

Peu à peu, l'anglais s'est imposé, et ce ne sont pas les Anglais qui sont les auteurs de ce revirement. Les Britanniques eux-mêmes s'efforçaient de parler le français. Ce sont les gens des autres origines ethniques qui ont progressivement adopté l'anglais.»

Et Me Delage de conclure: «Rien ne remplacera jamais la bonne volonté qui conduit à la bonne entente.»

Son successeur, Louis Bélanger, n'assumera la présidence de l'Union que pendant deux ans. L'Union des Artistes lyriques et dramatiques prend alors son appellation définitive d'Union des Artistes. De nouveaux statuts sont ratifiés et publiés. Sous la présidence de Louis Bélanger, on adopte un premier contrat négocié avec l'Office national du film. L'Union obtient définitivement juridiction sur les artistes de la scène. Mais soudain, le président Bélanger démissionne et Mia Riddez est élue à l'unanimité pour lui succéder.

Louis Bélanger.

1956-1959
La fin d'une époque

Les pions bougent sur l'échiquier politique, mais c'est toujours la même partie. Duplessis est réélu à Québec en 1956. À Ottawa, c'est John Diefenbaker qui prend le pouvoir en 1957. Son gouvernement, minoritaire, comparaît devant le peuple l'année suivante et est réélu. Jean Drapeau est défait par Sarto Fournier. Ce n'est qu'une parenthèse, car il reprend bientôt son siège à l'Hôtel de ville.

Certaines forces nouvelles se font jour. Le Congrès du Travail du Canada est fondé en 1956, la FTQ en 1957. L'affirmation nationale, qui a toujours mû une part importante de la société québécoise, débouche la même année sur l'Alliance laurentienne de Raymond Barbeau.

> *C'est en janvier 1957... que les premiers séparatistes de la présente vague ont commencé leur travail de sabotage de la Confédération. On peut dire maintenant que nous n'avons pas travaillé en vain: l'édifice s'écroule sous nos yeux. (...)*
>
> *En somme, l'idée de l'indépendance fait son chemin; bien des organisations ont été noyautées par des séparatistes discrets; la jeunesse, en bloc, est gagnée au changement de régime, et elle votera aux prochaines élections; le gouvernement fédéral donne des signes de décrépitude; les Anglo-Canadiens s'attendent au pire, et nous vivons dans un climat pré-révolutionnaire. Tout est prêt pour le Grand Événement.*

Fred Barry, Antoinette Giroux et Gratien Gélinas au moment de la fondation de la Comédie canadienne. (Photo: Camille Casavant. Coll. P.L.)

Et pendant que les journalistes de *La Presse* se remettent de leur grève de 1958, on inaugure en 1959 la Voie maritime du Saint-Laurent. En débloquant le verrou qui fermait le Saint-Laurent à Montréal, l'autorité politique annonce qu'elle vient d'ouvrir le Québec au monde. En pratique, cette initiative fait perdre à Montréal son titre de métropole du Canada, au profit de Toronto.

Par ailleurs, le Québec se dote d'institutions culturelles durables, le théâtre de Quat'Sous en 1956, la

 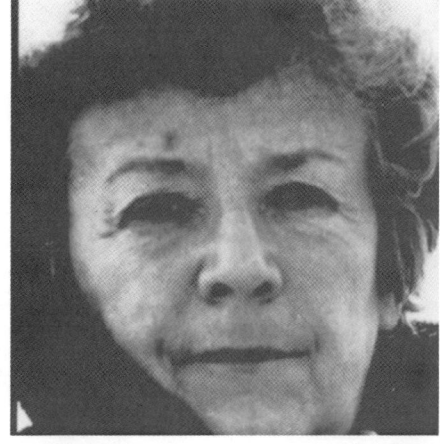 

En haut, de g. à dr.: Jeanine Beaubien (coll. P.L.), Françoise Berd (coll. P.L.) et Paul Buissonneau, fondateur du théâtre de Quat'Sous (photo: Radio-Canada).

En bas: Jean-Guy Sabourin (à gauche), fondateur du théâtre Les Apprentis sorciers, devenu, avec Jean-Claude Germain (à droite) le Théâtre d'aujourd'hui.

Comédie canadienne en 1958. Dirigée par Gratien Gélinas, cette salle moderne où s'installe plus tard le TNM, devient un haut lieu du théâtre et de la chanson. On y joue *Bousille et les Justes* pour la première fois le 17 août 1959.

Ottawa crée le Conseil des arts du Canada en 1957. Sa structure, indépendante du pouvoir politique, contribue à l'essor de la culture québécoise.

En 1958, Jeanine Beaubien fonde La Poudrière,

Yves Thériault (Photo: André Larose) Jacques Hébert.

Françoise Berd, l'Égrégore, et Jacques Hébert, les Éditions de l'Homme. Peu d'institutions marqueront autant le tissu littéraire et intellectuel du Québec. Yves Thériault y publie, la même année, le premier grand succès international de la maison, *Agaguk*.

> *Quand il eut atteint l'âge et prouvé sa vaillance, Agaguk prit un fusil, une outre d'eau et un quartier de viande séchée, puis il partit à travers le pays qui était celui de la toundra sans fin, plate et unie comme un ciel d'hiver, sans horizon et sans arbres.*
>
> *D'un pied habitué il sonda les endroits propices, évita les terriers d'animaux et quand il eut trouvé un monticule sans faille et de fond solide, il le parcourut en tous sens pour le bien mesurer, puis il planta deux bâtons et dressa l'abri de peaux de caribou.*
>
> *L'igloo serait construit plus tard, aux neiges venues.*
>
> *... Il pouvait se sentir libre.*

Duplessis aussi, de son côté, entreprend un voyage, son dernier. Le mercredi 2 septembre 1959, il se rend à Sept-Îles en compagnie de quelques-uns de ses proches collaborateurs et d'une poignée d'hommes d'affaires. Ses dernières photos le montrent vieilli et amaigri, portant une casquette de golfeur et mâchonnant un gros cigare. C'est à Schefferville, où il se trouve le 3 septembre 1959, qu'il s'effondre un peu avant midi, dans la maison que la compagnie Iron Ore avait mise à sa disposition.

Le médecin de la compagnie constate une hémorragie cérébrale. Il y aura trois autres hémorragies le lendemain, vendredi. Samedi, la police provinciale encercle le chalet pour soustraire le vieux leader politique à la curiosité des journalistes. À la tombée du jour, on livre un cercueil au chalet où Duplessis agonise. Il ne fait plus de doute pour personne que les heures du premier ministre sont comptées. L'agonie dure toute la journée du dimanche. Duplessis meurt cinq minutes après minuit, le 7 septembre.

1959 marque donc la fin d'une époque, et il n'est pas peu significatif qu'une poignée d'intellectuels aient fondé, justement cette année-là, une revue qui devait porter le nom évocateur de *Liberté*.

Des artistes en prison

Mia Riddez

Mia Riddez succède à Louis Bélanger qui vient de démissionner. Pour la première fois, une femme accède à la présidence de l'UDA. Cette nomination coïncide avec celle de Gaby Morlay à la tête de l'Union des artistes de France. Entre les deux unions, les congratulations fusent.

Mia Riddez apporte à l'Union une vision humaniste des choses. Elle rêve d'ajouter une dimension sociale et communautaire aux activités de l'organisme. Son ambition: doter l'UDA d'une maison où l'on puisse se retrouver, abriter quelques aînés et recevoir les artistes étrangers de passage au Québec.

C'est également sous la présidence de Mia Riddez qu'un accord est conclu avec la Société Radio-Canada pour la diffusion annuelle (il y en eut deux) d'un Gala des artistes au cours duquel une trentaine d'entre eux s'exécuteraient bénévolement au profit de la caisse de secours de l'Union. La grève de Radio-Canada empêche cette heureuse initiative de s'établir en tradition.

Enfin, au plan des affaires, c'est sous la présidence de Mia Riddez que l'on entreprend des consultations auprès du Conseil du travail du Canada, en vue de se désaffilier du syndicat américain qui chapeaute toujours l'Union. On commence à trouver qu'il n'est plus justifié d'envoyer aux Américains 0,25$ sur chaque cachet gagné par les artistes québécois. Mais les traditions sont parfois plus difficile à défaire qu'à instaurer. Il faudra encore quelque temps avant que la désaffiliation s'accomplisse.

Jean Duceppe

Jean Duceppe accède à son tour à la présidence. Le fougueux comédien imprime à l'Union un rythme de croisière: les débats houleux débouchent sur des projets ou des réalisations qui font franchir un autre pas à l'organisme. Notamment, il met son siège en jeu et démissionne (pour revenir occuper son poste fort heureusement peu de temps après) sur la fameuse question de l'affiliation au syndicat américain. C'est pendant la présidence de Jean Duceppe que sont édictées les premières règles de l'industrie du cinéma. On entreprend des études en vue d'élaborer les règles du théâtre. La tentative visant à doter les artistes d'un fonds de pension ne connaît pas de succès immédiat, mais par contre, l'Union adopte une première

Mia Riddez.

convention sur la postsynchronisation.

Mais soudain, tous les débats sont suspendus, car les réalisateurs de Radio-Canada viennent de déclencher une grève.

La grève

À la naissance de la télévision en 1952, la Société Radio-Canada avait confié à une quinzaine de réalisateurs le mandat de faire les émissions qu'elle produisait. À deux reprises, ces réalisateurs avaient tenté de se joindre aux rangs de deux syndicats, l'International Alliance of Theatrical Stage Employees (IATSE) en 1952, et la National Association of Broadcasting Employees and Technicians (NABET) en 1953. Dans le deuxième cas, le Conseil canadien des relations ouvrières avait refusé l'admission des réalisateurs au sein de la NABET, alléguant que ceux-ci faisaient partie de la direction de Radio-Canada et ne pouvaient, en conséquence, se syndiquer.

Six ans plus tard, par un vote majoritaire pris le 5 décembre 1958, les réalisateurs, dont le nombre est passé de 15 à 69, réclament la formation d'une association professionnelle affiliée à la Confédération des travailleurs catholiques du Canada (CTCC). Le 18 décembre, ils forment l'Association des réalisateurs, en vertu de la loi des syndicats professionnels. Une demande d'incorporation est présentée le même jour. L'exécutif est composé de noms que nous avons vus souvent à l'écran de la société d'État: Fernand Quirion, Jean-Paul Fugère et Claude Sylvestre.

Le 29 décembre 1958, vers quatre heures, les réalisateurs se mettent en grève. Ils sont appuyés par l'Union des Artistes dont le prési-

Jean-Paul Fugère. (Photo: André Lecoz)

Mia Riddez et Louis Morisset sortant du poste de police de la rue Saint-Luc, quelques heures après leur détention. À l'arrière, le journaliste André Roche.

dent, Jean Duceppe, a déclaré que ses membres ne franchiraient pas leurs piquets de grève.

Le 29 décembre 1958, à minuit, une assemblée de tous les organismes syndicaux de Radio-Canada est convoquée. Douze cents personnes sont présentes et donnent leur entier appui à la cause des réalisateurs.

À Radio-Canada, les émissions sont progressivement remplacées par des films, *Les Belles histoires* et *La poule aux œufs d'or* étant les premières sacrifiées. Dès le 2 janvier 1959, les principaux cadres désignés pour «tenir le fort» pendant la grève couchent à Radio-Canada.

Les réalisateurs sont maintenant au nombre de 64. Leurs revendications sont appuyées par les 800 membres d'ARTEC, les 50 membres de l'American Newspaper Guild (ANG), les 100 auteurs de la Société des auteurs dramatiques et les 900 artistes, ces deux derniers organismes (la SAD et l'UDA) étant affiliés au Conseil canadien des auteurs et artistes (CCAA). Cette solidarité est d'autant plus belle que les réalisateurs sont les patrons des membres des syndicats qui respectent leur ligne de piquetage.

Pourquoi cette grève? Les réalisateurs n'ont pas de bénéfices marginaux, pas de fonds de pension, pas d'horaires fixes de travail, non plus qu'aucune sécurité dans leur contrat individuel. La Société définit ainsi leur tâche: «La création et la réalisation d'émissions télévisuelles et toute autre tâche ou fonction que pourra vous confier la Société et qui se rapportera directement ou indirectement, à la réalisation d'émissions à Radio-Canada...»

Le 3 janvier, première rencontre officielle de l'Association des réalisateurs avec M. Alphonse Ouimet, le président de la Société. Mais, dès le 18 janvier, celui-ci se retrouve à l'hôpital, terrassé par une crise cardiaque.

Le 28 janvier: marche de 1500 grévistes sur Ottawa. Le 7 février: accord de principe. Les réalisateurs ont obtenu la reconnaissance de leur association, avec droit de négociation collective. La question de l'arbitrage est réglée. Restent à négocier

Alphonse Ouimet.

les conditions de retour au travail des syndiqués qui ont appuyé les réalisateurs. Cependant, Radio-Canada refuse de céder du terrain sur ce point. Les réalisateurs ont déjà perdu le salaire de six semaines. Ils exigent que leurs sympathisants ne soient pas pénalisés pour les avoir appuyés. La grève se poursuit.

Le 23 février, les syndicats de soutien sont prêts à rentrer au travail. Restent les auteurs et les membres de l'Union des Artistes.

Plus que deux clauses à réviser. Dans une première étape de la négociation, Radio-Canada avait déjà initialées toutes les clauses, mais la direction de la Société refuse maintenant la fameuse clause trois, la pierre d'achoppement d'une grève qui traîne en longueur. Par la clause trois, les réalisateurs renonçaient à s'affilier à tout regroupement de syndicats. Radio-Canada remet en cause la formulation de cet engagement et les réalisateurs ne veulent pas revenir sur le libellé de cette clause. Les pourparlers sont rompus dans la nuit du 28 février au 1er mars.

Le lundi matin 2 mars, 1 300 sympathisants participent à une grande assemblée pour dénoncer l'attitude de Radio-Canada. À l'issue de la réunion, on décide de faire une marche symbolique vers l'édifice principal de Radio-Canada. Mais ce matin-là, à l'angle du boulevard Dorchester et de la rue Saint-Alexandre, la police essaie de disperser les manifestants. Autres tentatives de dispersion rue Bishop et, à l'intersection Dorchester et Mackay, une vingtaine de policiers à cheval foncent sur la foule. Un seul cri: Gestapo! Injures, bagarres et coups de matraques. Trente personnes sont arrêtées. Parmi elles, René Lévesque et Jean Marchand. Indigné, le maire Sarto Fournier promet une enquête sur le comportement de la police. Après la grève, les accusations contre les manifestants seront discrètement retirées.

Cependant, une préoccupation commune unit les parties car les éliminatoires du hockey vont commencer. Les téléspectateurs seront-ils privés des matchs qui se joueront à Montréal? Les membres de l'équipe du Canadien ont annoncé qu'ils refuseront de jouer si les caméras du Forum tournent pendant la grève.

Samedi le 7 mars 1959, une entente est enfin signée par Radio-Canada et l'Association des réalisateurs, conforme à ce qui avait déjà été présenté à la table de négociation un mois plus tôt, à l'exception d'un ajout interdisant formellement aux réalisateurs de s'affilier au CTCC.

La nouvelle est officiellement annoncée à minuit, lors d'une dernière assemblée à la Comédie canadienne. Dans la nuit du samedi au dimanche, les lignes de piquetage sont levées et les pancartes symboliquement brûlées devant Radio-Canada. Le matin du lundi 9 mars 1959, environ 1300 syndiqués passent fièrement la porte qu'ils avaient franchie en sens inverse soixante-dix jours auparavant.

Rentrer...
ou rester là

Le nouveau président de l'Union des Artistes, Jean Duceppe, est impétueux. On le sait. L'après-midi du 29 décembre 1958, il déclare aux réalisateurs qui défilent devant l'immeuble principal de Radio-Canada: «Les artistes ne franchiront pas vos lignes de piquetage.» Le soir même, il préside une réunion d'urgence du bureau de direction qui confirme cette position. L'Union des Artistes vient d'entreprendre l'un des plus rudes combats de son histoire.

Une grève, ça se fait à coup d'argent. L'Union en a un peu, mais la majorité de ses membres ne vit pas dans l'opulence, loin de là; en temps normal, il est déjà difficile de se faire engager à la télévision et maintenant, il ne faut plus y compter du tout. La grève sera longue.

À la fin de janvier 1959, le conflit semble se résorber entre les réalisateurs et la Société Radio-Canada. Le secrétaire de l'Association des réalisateurs, Jean-Paul Fugère, explique aux membres de l'Union des Artistes, réunis en assemblée générale spéciale, que même si la Société accordait aux réalisateurs ce qu'ils désirent, ces derniers exigeraient, avant de signer une entente, que l'on garantisse aux réalisateurs et à leurs sympathisants le recouvrement de leur salaire ou de leur cachet pour la durée de la grève.

Les artistes tiennent bon et, par le biais de communiqués aux journaux, informent le public que toutes les émissions de radio et de télévision qu'il a pu voir à Radio-Canada depuis le début de la grève, ont été enregistrées au préalable. Les artistes tiennent bon et ne lâcheront pas.

La solidarité prend alors une dimension internationale. À preuve, ce télégramme dont le président Duceppe fait lecture: «Informons syndicats belge et suisse solidarité

Jean Duceppe pendant la grève de Radio-Canada.

Des policiers à cheval fonçant sur la foule. (Photo: Lucien Desjardins, *La Presse*)

Gérard Philipe.

nécessaire avec réalisateurs TV canadienne et demandons acteurs français de refuser participation à émissions ou films télévision spécialement destinés au Canada. Vœux fraternels aux réalisateurs et acteurs canadiens pour triomphe droits et liberté syndicale.» Et c'était signé: Gérard Philippe, président du Syndicat français des acteurs.

Les auteurs et les artistes ont souvent été solidaires dans le passé. Leur fraternité s'exprime une fois de plus à l'occasion d'une revue qu'ils montent conjointement: *Difficultés temporaires*. La revue est jouée seize fois à Montréal devant des salles combles et on donne quelques représentations à l'extérieur.

Les négociations achoppent sur la question du retour au travail des membres des syndicats sympathisants. Dimanche le 22 février, en soirée, des représentants de l'Union des Artistes proposent que Radio-Canada achète le spectacle *Difficultés temporaires*, amputé de ses allusions au conflit, pour le diffuser au moment où les émissions régulières reprendraient l'antenne. Cent cinquante artistes et auteurs y participeraient. Leur cachet serait versé dans la caisse de secours des unions respectives, lesquelles redistribueraient la somme à leurs membres sous forme de compensation pour les pertes encourues pendant la grève. Grâce à cette formule ingénieuse, la direction de Radio-Canada n'aurait pas à verser des «salaires de grève». La Société refuse.

Quelques jours plus tard, l'Union

La revue des artistes en grève.

des Artistes rejette à son tour les conditions de retour au travail proposées par Radio-Canada. C'est l'impasse jusqu'au 27 février, alors que le président Duceppe annonce que l'UDA est prête à rentrer sans conditions. La Société des auteurs dramatiques, dont le président est Louis Morisset, en fait autant. Il ne manque plus que l'accord des réalisateurs, ce qui ne tarde pas.

En vue du retour au travail, l'Union des Artistes contracte un emprunt de 40 000$ dont elle consent des parts de 300$ à ceux et celles de ses membres qui en ont le plus besoin.

Reste à régler la question du rôle joué par le Conseil canadien des auteurs et des artistes pendant la grève. René Lévesque déclare: «Nous sommes 1300 membres de langue française. Cette force économique, il faut la ramener chez nous.»

Ce langage, on l'entend de plus en plus au cours des années suivantes. Et l'Union des Artistes concourt à la formation d'une Fédération des auteurs et des artistes du Canada (FAAC).

1960
Le printemps vient en juin

D'emblée, un religieux anonyme formule à voix haute ce que nous sommes nombreux à penser du Québec:

> ... un pays où l'on vit avec un retard de deux révolutions et demie: horloge d'Amérique, heure du Moyen Âge.

Le frère Untel.

On saura plus tard que le frère Untel se nommait Jean-Paul Desbiens. Pour l'heure, il nous livre ses *Insolences* avec une tranquille assurance.

C'est André Laurendeau qui, dans *Le Devoir* du 21 octobre 1959, a forgé l'appellation tragique de «joual» pour désigner l'état de décomposition de la langue française au Québec. Le frère Untel en fustige l'usage:

> Cette absence de langue qu'est le joual est un cas de notre inexistence, à nous, les Canadiens français.

Et le frère Untel réclame alors ce que les gouvernants mettront de nombreuses années à faire, et bien peu de temps à ébranler, la loi 101:

> L'État québécois devrait exiger, par loi, le respect de la langue française, comme il exige, par loi, le respect des truites et des orignaux. L'État québécois devrait exiger, par loi, le respect de la langue française par les commerçants et les industriels, quant aux raisons sociales et quant à la publicité.

L'éducateur aborde ensuite la question controversée de l'enseignement. On sait que le cours classique dominait le système d'éducation de l'époque. On parle trop peu souvent du cours secondaire public. Le frère Untel en dénonce les carences:

> *L'opinion réclamait un cours secondaire public. On lui a vendu l'étiquette, mais l'étiquette était collée sur une bouteille vide.*

Tout cela est la faute du département de l'Instruction publique, dont le frère Untel réclame l'abolition et dont les jours sont comptés, sans que personne ne le soupçonne encore. Et l'enseignant élargit son propos jusqu'à porter un jugement très sévère sur notre société:

> *L'échec de notre système d'enseignement est le reflet d'un échec, ou en tout cas d'une paralysie de la pensée elle-même. Personne n'ose penser, au Canada français. Du moins, personne n'ose penser tout haut.*

Puis, le religieux retrousse sa soutane pour aborder de front la question de la religion, ou plutôt la façon dont on la pratique et dont on l'administre ici.

> *On commence en parlant du joual, et on s'aperçoit qu'on est à décrire l'atmosphère religieuse au Canada français... Nous avons peur de l'autorité... La peur diffuse dans laquelle nous vivons stérilise toutes nos démarches... On a peur des inspecteurs ou des commissaires... Autorité crispée et monolithique, qui croit ne pouvoir céder sur un point sans risquer de crouler tout entière... La religion dans notre milieu survivrait-elle à la disparition de l'appareil religieux?...*

Autrement dit: sommes-nous individuellement debout sur le plan religieux ou bien sommes-nous tenus debout par les oreilles?...

Et le frère Untel prophétise, et c'est tout à l'honneur de ce penseur éclairé, la crise d'octobre '70 et la désaffection religieuse.

La province de Québec est en train de muer. De tous les peuples occidentaux, nous sommes parmi les seuls à n'avoir point connu de révolution politique ni de crise religieuse majeure. Nous n'aurons pas de révolution: la proximité des Anglo-Canadiens est une garantie. Ils ne nous laisseraient pas faire de dégât. Peut-être même que le 22e Régiment s'y opposerait lui aussi, commandé en anglais. Nous n'aurons pas de révolution. Mais ce que nous sommes en train de voir s'établir, c'est une désaffection du peuple canadien-français vis-à-vis de la religion.

Jean Lesage.

Et celui qui, le premier, à l'orée des années '60, formule à voix haute les revendications qui bouillonnent dans le cœur de plusieurs, conclut ses *Insolences* sur des paroles qui font frémir à l'époque:

J'écris aussi pour bien établir qu'il est possible de dire ce que l'on pense. Pour bien établir que toute vérité est bonne à dire. Mon idée à moi, c'est que nous sommes plus libres que nous ne le pensons; c'est pas la liberté qui manque, c'est le courage de prendre les libertés que l'on a.

Pour ma part, j'assistais sans trop comprendre à l'une des plus formidables débâcles de l'histoire du Québec. Déserteur du cours classique à 17 ans, j'avais cherché un emploi de journaliste au quotidien *Le Nouvelliste* de Trois-Rivières. On me jugea trop jeune pour devenir immédiatement rédacteur. En revanche, on me proposa le poste de correcteur d'épreuves pour la durée de la campagne électorale de 1960.

Je dois ma carrière de journaliste à Jean Lesage et à son équipe du tonnerre. L'élection des libéraux, le 22 juin 1960, ébranla tout le monde, y compris la direction du *Nouvelliste*, qui me garda à son emploi en me proposant de remplacer pour l'été le tireur d'épreuves dans l'atelier. À l'automne, je rédigeais des notes de lecture pour la page littéraire. À Noël, je couvrais les «chiens écrasés».

À cette époque, le journal sortait à trois heures du matin. Mes fonctions prenaient fin un peu avant minuit. Je traînais dans la salle de rédaction, conversant avec les gars du pupitre jusqu'à ce que les premiers exemplaires du journal nous soient remis. Nous les emportions précieusement au buffet de la gare, où nous allions manger une soupe.

Chaque matin nous réservait des surprises. Le monde changeait sous nos yeux, et dans le sens que nous souhaitions. J'avais vu, à Montréal, les formidables travaux de mise en chantier de la Place Ville-Marie. Le Québec tout entier ressemblait maintenant au chantier de nos aspirations sociales.

C'était l'âge d'or des boîtes à chansons. Le concept en avait été élaboré lors de la grève de Radio-Canada, lorsque quelques auteurs compositeurs en chômage avaient décidé de s'unir à l'instigation de Raymond Lévesque. Ils s'installèrent au second étage d'un restaurant bien français de la rue Crescent. Les Bozos étaient nés. Raymond Lévesque, Jacques Blanchet, Hervé Brousseau, Jean-Pierre Ferland, Claude Léveil-

Du haut de son perchoir, Clémence assiste à l'éclosion du rêve des premiers chansonniers: Raymond Lévesque, Jean-Pierre Ferland, Claude Léveillée et Jacques Blanchet.

lée et Clémence Desrochers empruntaient leur nom à l'un des personnages de Félix Leclerc pour rendre hommage au premier de nos chansonniers.

Ces chefs de file ouvrent la voie à tous ceux qui leur emboîtent le pas: Germaine Dugas, Monique Miville-

Deschênes, Pauline Julien, Pierre Calvé, Claude Gauthier, Pierre Létourneau, Jean-Paul Filion, sans oublier bien sûr le grand Gilles Vigneault qui débute humblement dans une boîte à chansons de Québec.

Ces «boîtes» se multiplient à travers tout le Québec. Les plus célèbres sont sans contredit Le Patriote, la Butte-à-Mathieu, Chez Clairette et La Page Blanche.

On sait maintenant le rôle que les plus grands ont joué, à travers leurs chansons à messages et leur engagement politique, dans la prise de conscience qui a caractérisé les années '60. Dix années de boîtes à chansons c'est bien peu...

1960, tout bouge. On introduit la pilule contraceptive sur le marché québécois. Un groupe d'indépendantistes farouches vient de fonder à Montréal le Rassemblement pour l'indépendance nationale. Jean Drapeau et son Parti civique sont réélus à la mairie de Montréal. Le CTCC se mue en Confédération des syndicats nationaux. L'État commence à dépenser beaucoup plus qu'il ne perçoit en impôts. Le gouvernement s'apprête à faire adopter la grande charte de l'éducation. Un formidable frisson parcourt l'échine de tout le peuple Québécois.

Clairette. (PMB)

La télévision du peuple

C'est à l'été de 1959 que germe le projet de création de Télé-Métropole. Le gouvernement fédéral vient d'annoncer qu'il a l'intention d'accorder des permis d'exploitation de télévision privée dans six villes canadiennes, dont Montréal. Tout de suite, s'engage une formidable bagarre pour l'obtention du premier permis de télévision privée à Montréal.

Des groupes ou des individus manifestent leur intérêt: CKVL, CFCF et *The Montreal Star*, madame Du Tremblay, de *La Presse* et CKAC, Arthur Dupont et CJAD, un groupe d'hommes d'affaires dirigés par Jean-Louis Lévesque, de même que Paul L'Anglais et France-Film, appartenant à J.-A. De Sève.

Le Bureau des gouverneurs de la radiodiffusion tient des audiences à Montréal en mars 1960. La lutte ne se fait plus qu'entre deux géants: CKVL et le groupe constitué autour de France-Film. Les gouverneurs concèdent finalement le permis à France-Film, le 22 mars 1960.

Dès le départ, le concept de télévision proposé par le groupe France-Film repose sur une approche populiste. On a fait des sondages d'opinion, on s'est enquis des goûts et des attentes du public, et on s'engage à lui donner satisfaction. «On», ce sont J.-A. De Sève, Paul L'Anglais, André Ouimet et Robert L'Herbier.

Le 29 mars 1960, Télé-Métropole Corporation est officiellement constituée en vertu de lettres patentes émises à Québec. Le 20 juillet de la même année, messieurs De Sève et

J.-A. De Sève (Coll. Phil Laframboise)

André Ouimet. (Coll. Phil Laframboise)

Robert L'Herbier. (Photo: Jac-Guy)

Ouimet prêtent main forte au maire de Montréal, Sarto Fournier, pour la levée de la première pelletée de terre sur l'emplacement du futur édifice de Télé-Métropole.

On a l'intention de commencer à diffuser à la fin de janvier 1961. Une course effrénée s'engage avec CFCF qui a aussi obtenu un permis du Bureau des gouverneurs et qui vient d'annoncer son intention d'entrer en ondes le 21 janvier. Les délais de livraison du matériel technique vont faire perdre cette course à Télé-Métropole.

C'est le 19 février 1961 que J.-A. De Sève a l'honneur de prononcer le discours inaugural. «....Télé-Métropole et CFTM-TV constitueront un apport considérable au développement culturel et économique de Montréal et des environs, tant par les nombreux emplois nouveaux déjà créés et à venir, que par la découverte et le développement de nouveaux talents dans tous les domaines; tant par la preuve déjà donnée de confiance en l'avenir du secteur est de Montréal, que par le nouveau débouché taillé à leur mesure que le canal 10 offre à la publicité des maisons d'affaires de Montréal.»

Le premier ministre du Québec, Jean Lesage, le sénateur Marc Drouin, ainsi que le maire de Montréal, Jean Drapeau, assistent à la cérémonie.

D'emblée, une sourde concurrence s'engage entre CFTM et la télévision de Radio-Canada. Sans être élitiste, la programmation de Radio-Canada propose à ses téléspectateurs des émissions parfois de plus haut niveau culturel. La direction de Télé-Métropole prend résolument le parti de satisfaire les goûts du public. Les résultats ne se font pas attendre: les premiers sondages démontrent que Télé-Métropole et Radio-Canada se partagent à peu près également l'auditoire. En septembre 1961, l'agence Neilson dévoile les résultats de ses grands sondages d'automne: les gens de Montréal regardent davantage le 10 que le 2.

Au printemps de 1962, un peu plus d'un an après l'ouverture de Télé-Métropole, Radio-Canada remanie en profondeur sa grille horaire. Vingt-cinq ans plus tard, la lutte se poursuit.

La vie d'artiste / 109

Bertrand Gagnon.
(Photo: Ray Bouchard)

D'une convention à l'autre

Bertrand Gagnon

L'Union compte maintenant 1142 membres. Bertrand Gagnon en est le président. Le secrétaire, Pierre Boucher, attire déjà l'attention et devient président à son tour, deux ans plus tard. Adrien Lauzon, le contrôleur des finances du tout début, est toujours là. Et une femme dont le nom deviendra prestigieux, Jeanne Sauvé, s'occupe cette année-là de l'organisation du premier Congrès du spectacle. Au cours de son passage à l'Union, madame Sauvé négocie le premier contrat de droits de suite pour des reportages à Radio-Canada.

Une importante restructuration syndicale est en cours. Le Congrès du travail du Canada admet le principe de deux fédérations d'acteurs, l'une d'expression française et l'autre d'expression anglaise. Chaque fédération aura sa propre juridiction pour négocier, signer et administrer ses conventions collectives. C'est l'une des conséquences d'une intervention de René Lévesque à la fin de la grève des réalisateurs de Radio-Canada. Et le conseil d'administration de l'Union prend la décision de s'affilier à la Fédération des travailleurs du Québec.

Tout comme cela avait été le cas au

Jeanne Sauvé. (Photo: André Lecoz)

René Lévesque. (Photo: André Lecoz)

l'Union se rendent aux cérémonies d'inauguration de Télé-Métropole.

Pendant ce temps, des négociations sont entreprises avec la direction de la première chaîne de télévision privée de Montréal. Déjà, on s'aperçoit que l'élaboration d'une convention avec Télé-Métropole va influer sur le libellé de celle dont on discute avec Radio-Canada.

Et le mandat du président Bertrand Gagnon se termine sur l'acceptation d'une entente avec CKVL, devant servir de modèle à toute autre entente collective avec la radio privée.

cours de la grève des réalisateurs de Radio-Canada, alors que le président du Syndicat français des acteurs, Gérard Philipe, avait accordé son appui à l'Union, cette dernière envoie à son tour un message d'encouragement au président d'une union américaine, la Screen Actors Guild, qui vient de s'engager dans une grève. Le président de l'Actors Guild répète en secret un rôle qui le rendra célèbre dans le monde entier. Il se nomme Ronald Reagan.

Et tandis qu'on organise un «petit party d'adieu» pour un membre prestigieux, qui deviendra peu après le ministre des Richesse naturelles (point nécessaire de le nommer cette fois), le président et le secrétaire de

Ci-dessus: Muriel Guilbeault, Gratien Gélinas, Juliette Huot et Clément Latour dans *Ti-Coq*. (Coll. Phil Laframboise)

Ci-contre: Le chanteur Gérard Barbeau, dont la renommée fut grande après qu'il eut incarné le rôle titre dans *Le rossignol et les cloches*. (Coll. P.L.)

Ci-dessus:
Les joyeux troubadours: 36 ans d'antenne! De g. à dr.: Margot Prud'Homme, Gérard Paradis, Estelle Caron, Jean-Maurice Bailly, Pauline Goyette, Lionel Renaud, Paul-Émile Corbeil et Saturno Gentilletti. (Coll. P.L.)

Ci-contre: Tis-Gus (Réal Béland) et Ti-Mousse (Denise Émond): 25 ans au music-hall et dans les cabarets. (Coll. P.L.)

Ci-contre:
Willie Lamothe,
le créateur d'un style
western québécois.
(Coll. P.L.)

Ci-dessous:
Guylaine Guy et sa sœur
Aglaé partant à la
conquête de Paris en
1950. (Coll. P.L.)

Ci-contre: Pierrette Champoux, ou une longue carrière de chroniqueuse radiophonique. (Photo: Gino Salotti. Coll. P.L.)

Ci-dessous:
Nicole Germain fut d'abord comédienne à la radio et au cinéma avant d'être animatrice à la télévision (Coll. P.L.)

Ci-dessous: D'abord comédienne, Judith Jasmin a poursuivi une carrière de journaliste internationale. (Coll. P.L.)

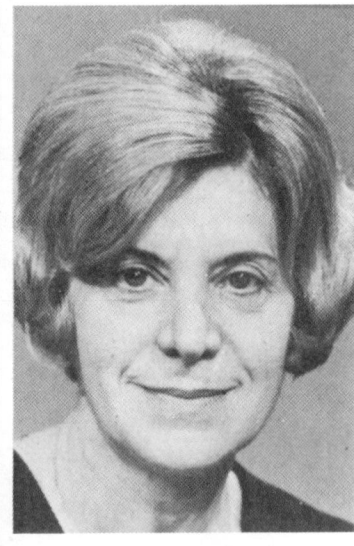

Ci-contre: Huguette Proulx, journaliste, animatrice et chroniqueuse.

Ci-contre: Jean Coutu dans le rôle titre du *Survenant* de Germaine Guèvremont.

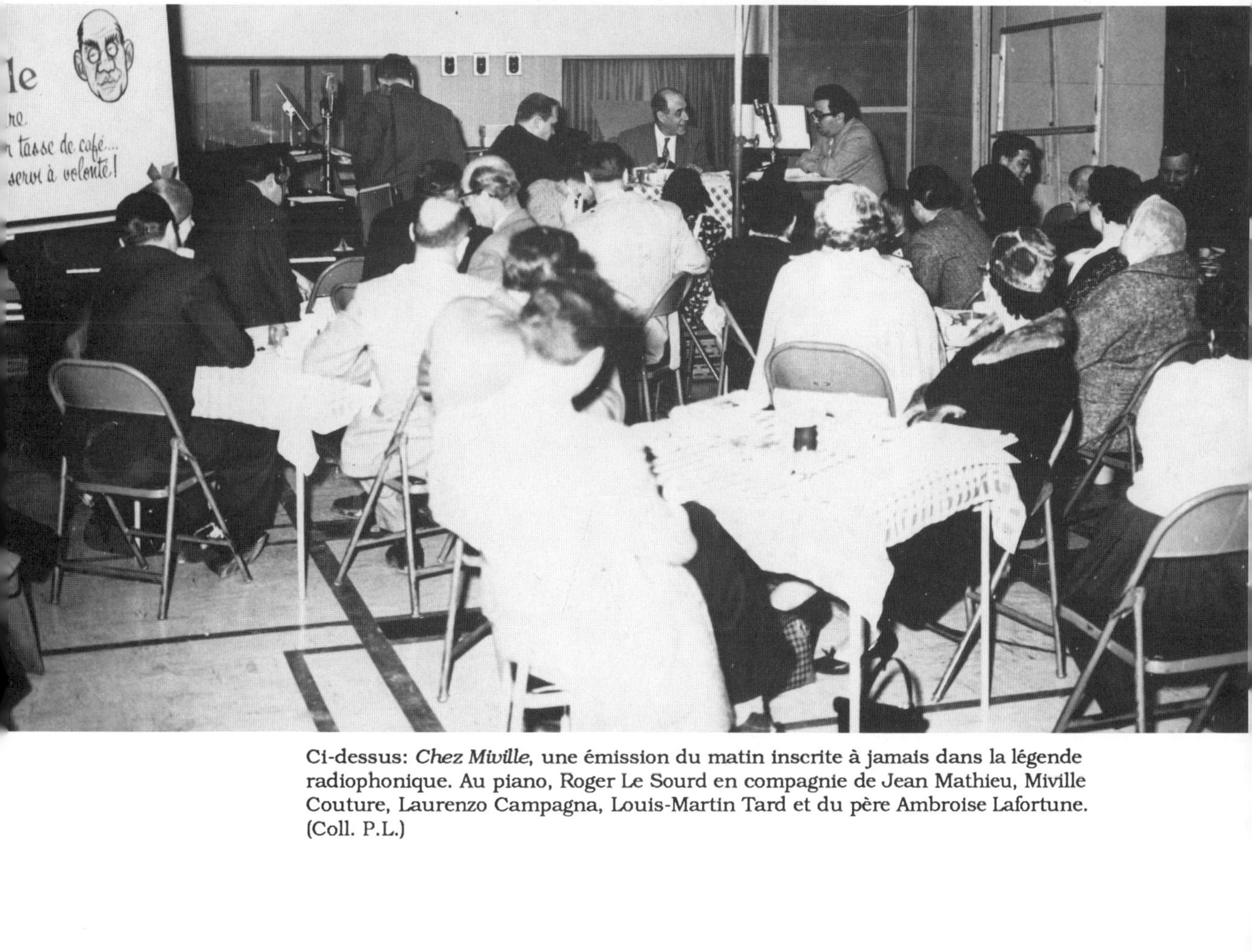

Ci-dessus: *Chez Miville*, une émission du matin inscrite à jamais dans la légende radiophonique. Au piano, Roger Le Sourd en compagnie de Jean Mathieu, Miville Couture, Laurenzo Campagna, Louis-Martin Tard et du père Ambroise Lafortune. (Coll. P.L.)

Denise Pelletier et Guy Hoffmann dans *Le malade imaginaire*. (Photo: TNM)

À g.: D'abord vedette au cabaret, Fernand Gignac poursuivit ensuite une brillante carrière à la télévision. (Coll. P.L.)

À dr.: Michel Louvain dont la carrière a démarré de façon fulgurante. (Photo: Gaby. Coll. P.L.)

Monique Leyrac s'imposa au music-hall, à la scène et dans le domaine de la chanson. Elle danse ici avec le chorégraphe Michel Comte. (Photo: R.-C.)

Ci-contre:
Du *Beû qui rit* aux continuités dramatiques, le rire de Paul Berval... (Coll. P.L.)

Ci-dessous:
Les deux «D» de *Moi et l'autre*: Dominique Michel et Denise Filiatrault. (Coll. P.L.)

Ci-contre: Le ténor Richard Verreau et le couple Alarie-Simoneau: parmi les plus belles voix du Québec. (Coll. P.L.)

Ci-dessous: Ludmilla Chiriaeff à l'époque où elle a fondé Les grands ballets canadiens. (Photo: UDA)

Les trois Juliette. (Coll. P.L.)

1961-1987
Le statut
Une culture de consommation

1961-1967

En marche vers la terre des hommes

Au cours des années 1960, la Californie invente des rites sociaux nouveaux dont nous allons nous inspirer pour fabriquer les nôtres au cours des années 1970. Quelques avant-gardistes y sont allés voir et rapportent dans leurs bagages un flot d'odeurs, dont certaines illicites: encens, marijuana, amour libre et le fameux *peace and love*. D'autres fondent leur religion sur la lutte des classes:

> *Nous ne sommes pas seuls à nous battre. Notre lutte fait partie de la longue marche des hommes vers la libération de l'exploitation des uns par les autres (...).*
>
> *La longue marche des nègres du monde entier, dans laquelle nous du Québec, nous travailleurs et étudiants, nous du F.L.Q., tirons encore de l'arrière, par je ne sais quelle fausse honte, stupide peur ou confortable attentisme (...).*
>
> *On prendra un autre verre de bière quand on aura fait plus que de discuter et de mettre le blâme toujours sur les autres (...).*
>
> *Nous avons déjà perdu trop de temps en vaines récriminations. Il faut maintenant passer à l'action.*
>
> Pierre Vallières, *Nègres blancs d'Amérique*

À la même époque, on lisait dans *Cité libre*:

> *De par la constitution canadienne actuelle, celle de 1867, les Canadiens français ont tous les pouvoirs nécessaires pour faire du Québec une société politique où les valeurs nationales seraient respectées en même temps que les valeurs proprement humaines connaîtraient un essor sans précédent (...)*
>
> *Si le Québec devenait cette province exemplaire, si les hommes y vivaient sous le signe de la liberté et du progrès, si la culture y occupait une place de choix, si les universités étaient rayonnantes, et si l'administration publique était la plus progressive du pays — et rien de tout cela ne présuppose une déclaration d'indépendance! — les Canadiens français n'auraient plus à se battre pour imposer le bilinguisme: la connaissance du français deviendrait pour l'anglophone un status symbol, cela deviendrait même un atout pour les affaires et l'administration. Ottawa même serait transformée, par la compétence de nos politiques et de nos fonctionnaires.*

Pierre Elliott Trudeau, *Cité Libre*, avril 1962

Pierre Elliott Trudeau.

Entre la position de Vallières et celle de Trudeau s'élabore la position de celui qui dirigera le Québec pendant une dizaine d'années et le portera presque au bout de ses aspirations. En effet, c'est en octobre 1967 que la Fédération libérale du Québec, à l'instigation de ses éléments les plus dynamiques, dont René Lévesque, publie un manifeste intitulé: «Un Québec souverain dans une nouvelle union canadienne». Le même mois, le congrès libéral rejette le manifeste. René Lévesque quitte le parti. En voyant ce petit homme furieux sortir de la salle, bien peu de ses collègues devaient se douter, ce jour-là, que sa détermination le porterait au pouvoir. Peu après, les 18 et 19 novembre 1967, quatre cents personnes se réunissent au monastère des

Dominicains à Montréal pour fonder le mouvement Souveraineté-Association.

Tout se joue en quelques années. Alignons des faits:

- Création du ministère des Affaires culturelles.
- Mise sur pied de l'assurance-hospitalisation.
- Commission royale d'enquête sur l'enseignement dans la province de Québec (Commission Parent).
- Création du ministère des Affaires fédérales-provinciales.
- Commission royale d'enquête sur le bilinguisme et le biculturalisme (Laurendeau-Dunton).
- Création de la Société générale de financement.
- Création du ministère de l'Éducation.
- Entrée en vigueur du Code du travail du Québec.
- Loi de la fonction publique.
- Accords franco-québécois sur la culture et l'éducation.
- Création de SIDBEC.
- Création de la Caisse de dépôt et placement.
- Création des cégeps.
- Création de la CEQ.

La liste pourrait s'allonger jusqu'à la dernière page de ce livre. Mais on aura compris que le Québec s'éveille de son sommeil d'enfant. Il a grand appétit. Il dévore tout ce qui lui tombe sous la dent: les institutions, les curés, la religion, le sens civique, la responsabilité, la soumission, le devoir, tout!

C'est à la même époque, par exemple, que le général de Gaulle proclame du haut d'un balcon une vérité qui fleurit déjà au cœur de la moitié de la population francophone du Québec: «Vive le Québec libre!» Le mot a du succès et il est repris en maintes occasions.

Parallèlement, celui qui, depuis quelques années déjà, préside aux destinées de la ville de Montréal,

La vie d'artiste / 125

Alphonse Ouimet, à l'émission «Allô Delhi» aux *Beaux Dimanches* du 21 mai 1967.

invite le monde à s'assembler dans les îles qu'on va créer au beau milieu du Saint-Laurent.

Je suis jeune journaliste à la salle des nouvelles de Radio-Canada. On me confie les accidents de la circulation, les inondations, la grêle sur la récolte de tabac de Joliette et... l'annonce, presque hebdomadaire, de la participation d'un autre pays à l'exposition universelle de Montréal.

Nous nous retrouvons au restaurant Hélène de Champlain, une vingtaine de journalistes, et le commissaire adjoint Andrew Kniewasser (je me rappelle encore l'orthographe de son nom et son allure fière et cordiale) nous fait part de la décision d'un autre pays, l'Iran par exemple, de construire un pavillon à Terre des Hommes. L'Iran n'était pas encore à la mode. Tout en sirotant un Pineau des Charentes, nous recevons une leçon d'histoire et de géographie. Par la même occasion, nous découvrons que le Québec est au monde.

Le choc des idées

La société québécoise vient de cesser de se mirer dans ses principes et ses valeurs morales. Une boîte à images, la télévision, remplace le miroir cassé.

À compter de maintenant, on n'organise plus un événement d'envergure sans se demander si l'heure à laquelle il va se dérouler correspond aux exigences de diffusion de la télévision. Même les criminels de droit commun ou les terroristes négocient avec la société par la voix des médias. De ce côté, comme dans toute

Félix Leclerc et Gilles Vigneault. (Coll. P.L.)

Olivier Guimond. (Photo: Famous Studio)

la société québécoise, une effervescence sans pareille marque la période de grand dégel qui a commencé en 1960.

Déjà, Télé-Métropole gruge dans l'auditoire de Radio-Canada en proposant à son public des émissions dont le contenu ressemble étrangement (et ce n'est pas par hasard) à celui du théâtre burlesque et des variétés qui ont dominé l'époque de la radio. Souvent d'ailleurs, les mêmes auteurs et les mêmes comédiens s'y illustrent, quand ce ne sont pas leurs propres fils, comme c'est le cas des deux Olivier Guimond.

De grandes institutions se mettent

Gilles Pelletier. (Photo Jac-Guy)

en place. On ne croirait pas que l'Office national du film date de cette époque. Qui croirait que l'École nationale de théâtre n'existait pas avant les années 1960? L'Office de la langue française s'installe précairement à la pointe de notre quête d'identité. Faut-il dorénavant parler «pointu», joual ou tout simplement comme on parle, c'est-à-dire québécois? Gérard Pelletier est rédacteur en chef de *La Presse*. Il est bientôt congédié et rejoint Jean Marchand et Pierre Trudeau à Ottawa, pour forger les destinées du pays pendant quinze ans. Pierre Péladeau, féru de classicisme tout autant que de réussite économique, profite de la grève de *La Presse* pour fonder un quotidien de format tabloïd, *Le Journal de Montréal*.

Des théâtres naissent. En 1963, Jean Valcourt fonde le Théâtre populaire du Québec. En 1964, Françoise Graton et Gilles Pelletier lancent La Nouvelle Compagnie théâtrale et, en 1967, Gilles Latulippe ouvre son Théâtre des Variétés.

CKLM et CFMB entrent en ondes. On y fait jouer le premier disque de Gilles Vigneault. La revue *Maintenant* fait son apparition. Dans le domaine littéraire, Jacques Hébert fonde les Éditions du Jour. Marie-Claire Blais y publie *Une saison dans la vie d'Emmanuel*, qui remporte le Prix Médicis.

Après bien des promesses quant au développement des arts, formulées par un personnage coloré de l'administration municipale, on inaugure la Place des Arts. Jean Duceppe lui-même lancera des tomates aux invités, lors de l'inauguration, clamant avec d'autres qu'il s'agit de la «Place des Autres» parce qu'une union américaine y représente les techniciens. Il va sans dire que les choses se sont rétablies depuis entre le fougueux Duceppe et la Place des Arts. C'est là que la Compagnie Jean Duceppe, fondée en 1972, présente ses productions.

Le Musée d'art contemporain ouvre ses portes. Pendant ce temps, Paul DesMarais acquiert *La Presse*.

L'avalée des avalées de Réjean Ducharme bouleverse le champ de la littérature. Et pour rassembler les pièces à conviction de cette puissante affirmation, la Bibliothèque nationale du Québec est constituée et ouvre ses portes. Dorénavant, le Québec aura une conscience et une mémoire.

Roger Doucet, la vedette du *Casino Bellevue*. (Coll. P.L.)

Les Scribes, au *Café Saint-Jacques*: André Lecompte, Jean Morin et le pianiste Bob Cousineau. (Photo: Camille Casavant)

Le déclin des cabarets

L'avènement de la télévision et Expo '67 auront marqué le terme de la grande époque des cabarets de Montréal. Avant la fondation de l'UDA, Henri Letondal et Hector Pellerin avaient doté la ville de boîtes françaises, le premier avec *Le Chat Botté* (à l'étage du célèbre restaurant Kerhulu, situé dans l'édifice attenant à celui où loge l'Union aujourd'hui) et le second, à deux pas, rue Sainte-Catherine, avec *Le Versailles*.

En 1937, c'était la mode des «grills» (que condamnaient les curés); il y avait notamment l'*American Grill* et le *Vienna Grill*. On dénombrait aussi en 1937 de grands night-clubs comme *Le Samovar*, le *Normandy Roof*, le *Chez Maurice*, le *El Morocco*, et des boîtes moins chic comme *Le Lion d'Or* et *Chez Paree's*. Ces établissements offraient des «floor shows» américains avec des vedettes américaines.

La guerre et surtout l'après-guerre redonnent à la vie nocturne québécoise un climat plus français, grâce à des chefs de file comme Tony Pilotte à Trois-Rivières, Gérard Thibault à Québec et Françoys Pilon à Montréal. Les frères Martin de Marseille transforment une taverne connue sous le nom de *Val d'Or* en *Faisan doré*, boîte typiquement française dont l'influence et la renommée

En haut: Le *Faisan doré*, où se retrouvent Jacques Normand, Pierre Roche, Bourvil, Muriel Millard, Aïda Aznavour, Monique Leyrac, Aznavour, Marius Martin, Jean Rafa, Bob Cousineau, Raymond Lévesque, André Roche.

Ci-contre: Jen Roger, «Monsieur M.C.» du Mocambo et de la Casa Loma. (Coll. Phil Laframboise)

inspireront les «nuits de Montréal». Les cabarets dits français se multiplient. Jacques Normand fonde son *Saint-Germain-des-Prés*. Andy Cobetto fait du *Casa Loma* le cabaret par excellence. Françoys Pilon convertit son *Café Saint-Jacques* en trois salles de spectacles où se produira Édith Piaf. On dénombre aussi le *Casino Bellevue*, le *Casino Français*, le *Mocambo*, le *Café de l'Est*, le *Café du Nord*, le *Faisan bleu*, l'*Hôtel central*... C'est la grande époque mais, comme l'annonce le titre d'une remarquable série d'émissions de télévision, «Les temps changent».

Une réflexion en profondeur

Effervescence syndicale

1961 marque une première au Canada en ce qui a trait aux relations entre les artistes et les diffuseurs. Précédant des législations qui tardent toujours à venir, la station de radio CKVL s'engage à «mettre sur le marché du travail, destiné exclusivement au talent canadien, 10% de son revenu brut annuel ou un minimum de $400 000». Ce bon coup marque sans doute le sommet de la présidence de Bertrand Gagnon, avec la formation de la Fédération des auteurs et des artistes du Canada. Affiliée au Congrès du travail du Canada, la FAAC regroupe le Syndicat du spectacle de Hull-Ottawa, la Société des artistes de Québec, la Société des auteurs dramatiques et l'Union des Artistes de Montréal.

En cette même année 1961, une grave question se pose, qui va soulever de nombreuses controverses au sein de l'Union et mener directement à la revendication d'un statut social et juridique pour l'artiste interprète. En effet, le conseiller juridique de l'Union, M⁰ Gérard Delage, s'est fait dire par les dirigeants du ministère provincial du Revenu, qu'en plusieurs cas, «les membres de l'Union pouvaient être considérés comme de simples employés de Radio-Canada». Des divisions internes surgissent à l'Union à ce sujet, certains admettant que les artistes doivent être considérés comme des salariés, d'autres tenant mordicus au statut d'entrepreneurs indépendants.

En même temps, un autre combat s'engage, à l'Office national du film, où l'on vient de faire doubler en France un film produit au Canada.

Et soudain, en novembre 1962, le conseil démissionne en bloc, sur la question de l'affiliation de l'Union à la Fédération des auteurs et des artistes du Canada. Le principal tenant du maintien de l'affiliation à la FAAC, Pierre Boucher, est bientôt élu président.

Pierre Boucher

Yves Létourneau, Jeanne Sauvé, Gilles Pelletier, Marcel Baulu et Lionel Villeneuve, pour n'en nommer que quelques-uns, sont à l'origine d'une remise en train de l'Union. Nous sommes en plein conflit avec les dirigeants de la Place des Arts,

Pierre Boucher.

qui refusent de reconnaître à l'UDA l'entière juridiction sur les artistes qui se produisent sur scène. Il faut attendre 1965 avant qu'une entente ne soit conclue.

C'est également en 1967, à l'instigation de Pierre Boucher, qu'est fondée la Caisse de sécurité du spectacle. Les premiers administrateurs en sont Jean Lajeunesse, Yvan Canuel, Rolland Bédard, Adrien Lauzon, Gaston Blais, Claude Duguay et Roland Bélanger. La caisse est aujourd'hui pourvue d'actifs de quarante millions de dollars.

Jean-Paul Jeannotte

C'est un chanteur qui succède à Pierre Boucher. Tout de suite, Jean-Paul Jeannotte se retrouve au cœur d'un conflit impliquant l'Orchestre symphonique de Montréal et les choristes qui réclament des cachets plus élevés. L'Orchestre annule les spectacles lyriques de la saison auxquels les chœurs devaient participer.

En 1966, la Caisse de sécurité fonctionne depuis un an, sous la direction de Pierre Boucher. Deux pour cent des cachets versés aux artistes vont à l'Union, et un pourcentage égal du cachet est versé dans la caisse par les producteurs. Pour la première fois, les membres de l'UDA bénéficient d'une assurance-vie, d'une assurance-accident et d'une assurance-revenu.

Une nouvelle cause

L'Union attaque ensuite résolument la question de la définition du statut même de l'artiste, statut qu'elle revendiquera inlassablement. Un paragraphe du dernier rapport du président Boucher évoque déjà cette détermination: «Notre Union est toujours à reprendre, toujours à revivre. Nous y sommes tous et chacun. Et il nous arrive à chaque jour de poser des gestes qui l'affirment ou l'infirment. Notre habitude est de faire face au public, c'est-à-dire aux autres. Cependant, pour réussir à développer notre profession et à lui gagner son rang, de plus en plus nous aurons à nous faire face à nous-mêmes.»

Jean-Paul Jeannotte.
(Photo: Bernard M. Lauzé)

1968-1970
Trudeau, Bourassa et le FLQ

C'était encore l'époque où quand on prononçait le mot québécois, on avait les yeux ronds des enfants qui prononcent le mot cul pour la première fois.

Robert Charlebois

Robert Charlebois.
(Coll. P.L.)

C'est aussi l'époque où chacun et chacune change de «blonde» ou de «chum» comme le pays change de premier ministre. La nouvelle religion sociale impose qu'on aille au bout de son expérience personnelle. Les libéraux de Lesage viennent d'instituer le mariage civil et, corollaire indispensable, les tribunaux du divorce. Et chacun et chacune s'inspire de quelques vers d'une chanson de Jean-Pierre Ferland pour expliquer à l'autre que c'en est fini.

Un peu plus haut
Un peu plus loin
Je veux aller encore plus loin
Attends-moi, je reviens
Si je redescends sans tomber.

Jean-Pierre Ferland.
(Coll. P.L.)

Rentrant de France vers ces années-là, après une absence de plusieurs mois, je me fais une nouvelle «blonde», comme tout le monde. Sur le capot arrière de sa Volkswagen, une étiquette auto-collante bleue: «J'ai le goût du Québec!»

Je me dis alors que le Parti québécois doit être en train de se préparer aux élections, jusqu'à ce que je découvre que le slogan provient d'une entreprise de fabrication de boisson gazeuse, Pepsi-Cola. Tout est là! La ferveur nationaliste atteint de tels sommets que les multinationales, apatrides par définition, s'en servent pour faire augmenter leurs ventes. Mais franchissons pas à pas la pente raide qui mène de l'expression du nationalisme aux Événements d'octobre.

Le «pays», comme on commence à dire, est sillonné d'animateurs sociaux, subventionnés par un organisme fédéral largement dupé par ses représentants au Québec, la Compagnie des jeunes Canadiens. Six mois «sur le chômage», un Projet d'initiative locale, six autres mois de chômage, un projet Perspective-jeunesse... et la roue se remet à tourner. Aucun plan d'ensemble, pas de vue à long terme, l'agitation tenant lieu de politique.

Au cours de ces années, les Québécois réapprennent — ils en avaient pratiqué l'art en des temps plus anciens — à manifester: McGill français, Saint-Léonard, puis le «bill» 61, étrangement intitulé «Loi pour promouvoir la langue française», sans compter la maladroite tentative de l'Union nationale estampillée «bill» 63. La manifestation en faveur des «Gars de Lapalme» survient à la veille de la secousse d'octobre.

Pierre Elliott Trudeau vient d'être élu à la tête des libéraux d'Ottawa. Peu après, son parti remporte la victoire. Une longue lutte s'amorce, entre celui qui incarne des idéaux internationalistes et les tenants d'un nationalisme québécois affirmé. Un mouton vient-il à passer rue Sherbrooke, symbole séculaire

Robert Bourassa au moment des événements d'octobre 70. (Photo: *La Presse*)

des Canadiens français, qu'on renverse son berger, notre Saint Jean-Baptiste à nous autres, sous les yeux horrifiés des invités d'honneur. Une émeute s'ensuit. Un seul reste debout, quand tous les autres se sont réfugiés sous les banquettes de l'estrade d'honneur. Pierre Elliott Trudeau.

C'est en octobre — toujours octobre — 1968, que mille délégués fondent un nouveau parti politique dans la ville de Québec, le Parti québécois, issu de la fusion du Mouvement souveraineté-association et du Rassemblement pour l'indépendance nationale. Personne ne soupçonne encore que cette formation sera bientôt au pouvoir.

Ce n'est pourtant pas le Parti québécois qui remplace l'Assemblée législative par l'Assemblée nationale. Ce n'est pas le Parti québécois non plus qui met sur pied le réseau des polyvalentes.

Soudain, en 1970, Jean Lesage démissionne. Robert Bourassa lui succède à la tête du parti et prend le pouvoir aux élections. Avec 23% des suffrages, le PQ récolte sept sièges. Quelques mois plus tard, l'attaché commercial britannique à Montréal, James Richard Cross, est enlevé par le Front de libération du Québec. On connaît la suite.

L'histoire avec un grand «H» portera un jugement sur les raisons qu'avaient Jean Drapeau et Pierre Elliott Trudeau de proclamer la Loi des mesures de guerre pour répondre à l'état d'insurrection qu'ils pressentaient en cet octobre 1970.

C'est le début d'un temps nouveau

*C'est le début d'un temps nouveau
La terre est à l'année zéro
La moitié des hommes
   n'ont pas trente ans
Les femmes font l'amour librement
La jeunesse est la seule vertu...*
                 Stéphane Venne

Ce sont les médias qui proclament la nouvelle religion. CFGL, fondée par Jean-Pierre Coallier, se voue exclusivement à la chanson d'expression française. Et dans tous les arts, on affirme une volonté inébranlable d'être ce que l'on est et de parler comme l'on parle, parfois même un peu plus rudement, pour marquer et accentuer la différence. Sont donc présentés *Les belles-sœurs* de Michel Tremblay et surtout, l'*Osstidchô* de Robert Charlebois, Mouffe et Louise Forestier. Une chanson, composée par Marcel Sabourin comme beaucoup de celles qui sont interprétées par Robert Charlebois, réunit certaines composantes de la pensée de l'époque: affirmation de ce que l'on est, désarroi face à l'étranger, fidélité à sa «blonde».

Les belles-sœurs de Michel Tremblay.
(Photo: Guy Dubois)

Michel Tremblay
(Photo: Jean-Pierre Leclerc).

La vie d'artiste / 137

Marcel Sabourin
(Photo: André Lecoz).

Jamais
Jamais même tout écartillé
dans Paris aux sept péchés
même m'épivardant
dans les quatre coins du temps
Comme une boule de pool
    qu'on fesse dedans
Jamais
Jamais jamais jamais
Neveur neveur neveur
Je t'oublierai
Marie.

Marcel Sabourin

Deux femmes en or: Louise Turcot et Monique Mercure (Photo: Cinémathèque québécoise)

Deux institutions qui font aujourd'hui figure de piliers de la société que nous sommes en train d'édifier, Radio-Québec et le réseau des Universités du Québec, nous font prendre conscience de l'étendue de notre «pays» indompté et peut-être indomptable. Chacune de ces institutions offre au diverses régions du Québec — du moins théoriquement — l'occasion de battre au rythme de «capitales régionales» pourvues de services culturels adéquats. Le réseau de l'Université du Québec subsiste toujours. Les bureaux régionaux de Radio-Québec ont été par contre emportés dans le vent des rationalisations administratives.

Parallèlement, à Montréal, un groupe de journalistes désireux de presser le cours des événements qui, croient-ils, ne peuvent mener qu'à des changements profonds et radicaux, fondent l'éphémère *Québec-Presse*. Plutôt que de lire le journal d'inspiration socialiste, le public se rue aux portes des cinémas où l'on projette le tout premier film érotique produit ici: *Deux femmes en or*, de Claude Fournier. Le pouls du Québec bat au rythme d'une émancipation si attendue qu'elle s'exprime en des excès dont l'infantilisme saute aux yeux, à distance.

Mais le drame de l'époque — encore et toujours octobre '70 — concerne aussi les médias. C'est par l'intermédiaire des stations CKLM et CKAC que les felquistes négocient avec le gouvernement. C'est sur les ondes de Radio-Canada qu'ils obtiennent qu'on lise leur manifeste politique. C'est encore la radio qui est prévenue avant tout le monde de l'endroit où le cadavre du ministre du Travail du Québec a été déposé. Les dernières images du drame — évidemment télévisées — restent gravées dans toutes les mémoires: un cortège de limousines, se dirigeant lentement vers Terre des Hommes, où des terroristes libèrent un otage en échange d'un sauf-conduit vers Cuba.

La langue des artistes

La société québécoise bouge comme un dormeur dans son sommeil. Des tiraillements se font jour. Plusieurs membres militent dans des mouvements ou des comités destinés à favoriser l'épanouissement de nouvelles politiques des arts.

Face au fameux projet de loi 63, l'Union réagit vivement: «L'Union des Artistes prie le gouvernement du Québec de surseoir au projet de loi 63 tant qu'une politique de la langue française ne sera pas mieux définie. L'Union des Artistes blâme le gouvernement du Québec quant au caractère hâtif de sa législation qui ne satisfait nullement ceux qui recherchent un plus large rayonnement à la langue française au Québec.»

L'Union ne reste pas muette non plus devant la promulgation de la loi des mesures de guerre, en 1970, d'autant plus que certains de ses membres ont été arrêtés, puis relâchés, sans qu'aucune accusation ne soit portée contre eux. De vives protestations sont adressées au ministre de la Justice du Québec et au premier ministre du Canada.

Sur le plan syndical, une autre victoire s'ajoute au tableau des réussites des dernières années. Après neuf ans de discussions, l'Association des directeurs de théâtres est formée et l'Union signe une première entente collective avec eux.

Autre élargissement des cadres de l'Union, 1970 marque une date importante avec l'accord de fusion de l'UDA avec la Société des Artistes de Québec. Désormais, il n'y a plus qu'un grand syndicat d'artistes, d'Ottawa à Québec, en passant par Montréal.

C'est également à la fin de 1968 et au début de 1969 que l'UDA déménage dans les locaux qu'elle occupe toujours, à l'angle des rues Sainte-Catherine et Saint-Denis.

Et surtout, pour la première fois en 1968, le procès-verbal d'une des assemblées mentionne clairement l'objectif qui consiste à obtenir un statut juridique pour les artistes. C'est Roger Garand qui fait la proposition suivante: «Au lieu de négocier péniblement comme maintenant aux postes privés et à Radio-Canada, qu'un comité soit formé pour faire pression sur les gouvernements afin d'obtenir un statut et une juridiction aux artistes.»

La proposition ne reçoit pas d'appui et est donc rejetée. Il est encore trop tôt...

1971-1983
L'État-providence

Le reste n'est pas encore de l'histoire. Une masse de faits encore récents encombre nos mémoires déjà grisonnantes. On regarde en arrière et on s'étonne: «Tiens, mais ça fait quand même douze ans, quinze ans de ça! Pas déjà dix-sept ans!» On vieillit. On boit de la bière, du cidre, du vin, parfois du «scotch» selon les modes et les mises en marché. Ou, terrifiés par la perte des premiers d'entre nous qui cassent le fil et qui montent aux Cieux, on se met au jogging ou au Nautilus, au tennis, à la natation et à la voile, comme dans les publicités à la télévision. Les femmes sont toujours belles, surtout celles des autres.

On découvre que l'histoire ne se dépose pas sur les événements comme un brouillard venu du lointain des âges, mais qu'elle suinte de l'intérieur, goutte à goutte, et qu'en fin de compte, on la sécrète au plus intime de soi.

On s'aperçoit aussi qu'il n'y a peut-être pas de grand plan ni de grand berger. Chaque jour, sous nos yeux, la société frôle des icebergs sans même s'en rendre compte. Et puis, enfin, on constate qu'il se trouve toujours quelque part, quelqu'un pour défendre l'opinion contraire à la vôtre, avec la farouche conviction d'un saint Louis partant pour les Croisades.

1971. C'est récent ou lointain, selon le point de vue. Il m'arrive parfois de donner des conférences sur mon œuvre littéraire dans les maisons d'enseignement. Les adolescents qui fréquentent l'école secondaire n'ont pas encore tout appris de notre histoire et ne sont donc pas familiarisés avec les événements qui se sont déroulés ici en 1837-1838. Or, il se trouve que mon œuvre se fonde principalement sur l'histoire. Je m'empresse donc de tracer à grands traits le portrait de l'époque.

Pour faciliter la compréhension de mes auditeurs, je m'efforce d'établir des comparaisons avec des faits de notre histoire récente. C'est ainsi que je suis souvent amené à tracer un parallèle entre le soulèvement de 1837-1838 et les événements d'octobre 1970.

Chaque fois, je me prends à mon propre piège! Les étudiants qui se trouvent devant moi n'étaient pas nés en 1970 et n'ont jamais entendu parler du Front de libération du Québec!

L'histoire n'a pas de mémoire ni de cœur. Le passé s'enterre lui-même. Le temps aplanit tout avec la tranquille assurance du cours des planètes.

Voilà pourquoi, au moment de dégager la signification des événements sociaux récents, il apparaît plus convenable de philosopher sur le sens de l'histoire que de tracer un itinéraire douteux dans le labyrinthe. Il n'en faut pas moins aligner quelques faits.

Brian Mulroney.

1971. Échec de la conférence constitutionnelle de Victoria. Robert Bourassa annonce son grand projet de la baie James.

1972. Premier front commun des trois centrales syndicales. Leurs chefs se retrouvent en prison.

1973. Création du Conseil du statut de la femme, parallèlement à la prolifération des mouvements féministes. Le docteur Henry Morgentaler est arrêté pour la première fois.

1974. Le gouvernement libéral, qui vient d'être réélu à Québec, bute à son tour contre les questions linguistiques avec la fameuse loi 22.

1975. Année internationale de la femme. On établit le réseau des CLSC, et Tricofil ouvre ses portes à Saint-Jérôme.

1976. Le Parti québécois est porté au pouvoir; on inaugure Manic III; les Jeux olympiques se déroulent à Montréal; Front commun des trois centrales syndicales pour la grève.

1977. Promulgation de la fameuse loi 101.

1978. Fermeture de la Cadbury, départ de la Sun Life pour Toronto.

1979. René Lévesque inaugure LG2, à la baie James.

1980. Qui pourrait, de mémoire, reformuler la question à laquelle le peuple québécois répond «non» lors du référendum?

1981. L'électorat québécois, qui n'en est pas à un paradoxe près, réélit le Parti québécois, un an après avoir répondu par la négative au référendum.

1982. Graves remous syndicaux. Le gouvernement réduit le salaire des enseignants. Le pays connaît la pire récession depuis les années trente. Le taux de chômage atteint 15,6% en août.

1983. L'Amérique s'étant mise à l'heure conservatrice, Brian Mulroney est élu à Ottawa.

Debout!

Les événements défilent sur l'écran de la mémoire.
- Création de la Cinémathèque québécoise en 1971.
- Création de la Fédération nationale des communications à la CSN.
- C'est en 1973 que paraît le journal *Le Jour*. Il disparaît en 1976.
- La Superfrancofête a lieu à Québec en 1974.
- CKVL FM devient CKOI.
- CIME, CITÉ et CIEL MF font leur apparition. La radio en modulation de fréquence s'impose, forçant la radio AM à se redéfinir un rôle propre, principalement dans le domaine de l'information.
- L'Union des écrivains québécois est fondée en 1977. Jacques Godbout en est le premier président.
- Une institution, *Montréal-Matin*, disparaît en 1978; *Les fées ont soif*, pièce de Denise Boucher, soulève la controverse.
- Antonine Maillet gagne le Prix Goncourt pour *Pélagie-la-Charrette* en 1979.
- *La vie en rose* paraît pour la première fois en 1980.

La société se morcèle, les médias se spécialisent, les outils de communication dispersent au lieu de rassembler. Pierre Boucher aborde magistralement la question de «L'acteur et les cultures nationales» en prononçant le discours inaugural d'un colloque de la Fédération internationale des acteurs (dont il fut l'un des premiers présidents) à Tachkent, en URSS.

«Peut-il exister et devons-nous croire à l'avènement d'une culture majeure, qui serait appelée la culture internationale? (...)

Une partie de la sociabilité humaine s'était retranchée du travail à l'avènement de la révolution industrielle. Depuis l'avènement de l'enregistrement, une égale partie de notre sociabilité s'est retranchée de nos plaisirs. (...)

Nous atteignons aujourd'hui des publics de plus en plus vastes, bien sûr, mais ils ne nous répondent pas. (...)

Écoutez-moi. Nous avons à regagner nos publics, nous avons à renouer les liens qui justifient notre travail. (...)

Oui, notre métier est un métier trop heureux. Nous sommes tous trop heureux de l'exercer. Avouons-le: nous le jouons. Il est temps que

Jacques Godbout, écrivain et cinéaste.

Christiane Raymond et Michèle Magny dans *Les fées ont soif* de Denise Boucher. (Photo: TNM)

nous nous mettions au jeu nous-mêmes, et consentions à ce que notre profession tout entière soit l'enjeu d'un immense et profond bouleversement, dont nous sortirions enfin sur mesure. Nous avons toujours été «trop grands pour nous». (...) Pour l'instant, la fête est finie. (...) Le rôle qui s'impose à nous porte un costume d'époque: c'est le costume de notre époque. Il repose sur un texte qui n'est pas au répertoire: c'est le langage des chiffres, des lois et des débats. Et c'est un rôle en un acte, sans arrêt, sans relâche: c'est notre présence. Notre présence au cœur même des instances qui planifient la culture et devant les commissions qui la mettent en vente.

La nation nous reviendra, nous redeviendrons ses acteurs, le jour où nous aurons endigué les forces qui, depuis cinquante ans, n'ont cessé de concourir à faire de nos publics de simples marchés et de notre travail un simple produit.

Mes amis, debout! On nous appelle à siéger!»

L'Union sur tous les fronts

Robert Rivard

Robert Rivard est président de 1972 à 1974. L'Union compte maintenant près de 1300 membres. La question des droits de suite revient sur le tapis. On prend également des mesures pour la protection des membres de moins de seize ans. Enfin, l'Union des Artistes et l'Association des directeurs de théâtres adoptent les fameuses règles de scè-

Robert Rivard.

ne. Des règles de doublage sont également édictées. Une entente collective est signée avec Télé-Métropole. L'Union adopte des règles destinées au cinéma et à l'enregistrement. Et enfin, en septembre 1973, la Société des artistes de Québec et l'Union des Artistes fusionnent.

Jean Brousseau

Jean Brousseau occupe la présidence en 1974 et 1975. L'une de ses premières tâches consiste à rendre hommage à Pierre Boucher, décédé le 6 décembre 1973. Tout en réaffirmant l'importance de la présence québécoise à la Fédération interna-

Jean Brousseau.

tionale des acteurs, Jean Brousseau et son équipe exigent du gouvernement le retrait de la fâcheuse «loi 22» relative au statut de la langue française. L'Union ouvre des bureaux à Hull et à Québec. Les conventions collectives avec Radio-Canada et Radio-Québec sont renouvelées.

Robert Rivard, bis

Robert Rivard préside de nouveau les destinées de l'Union de 1975 à 1978. Après la grève des années précédentes à Radio-Québec, voilà qu'un arrêt de travail éclate à Télé-

Métropole. L'Union organise un spectacle bénéfice en faveur des grévistes. Tandis qu'une des membres de l'Union, madame Jeanne Sauvé, est nommée au ministère fédéral des Communications, l'UDA demande d'être reconnue comme membre du mouvement Québec-Français, voué à l'établissement du français comme seule langue officielle des Québécois. Enfin, l'Union fait pression pour amender le Code canadien du travail, afin d'y inclure la notion d'artiste pigiste.

Louise Deschâtelets

C'est sous la présidence de Louise Deschâtelets (1979-1983) que l'Union se prononce en faveur de la souveraineté-association, telle que proposée au moment du référendum. L'UDA

Louise Deschâtelets. (Photo: CFTM-TV)

s'oppose à l'entrée en ondes de la chaîne TVFQ 99, parce que ses membres n'en retireraient aucun avantage et accorde son appui à un projet de loi visant à assurer la survie de l'industrie du disque.

Au sujet de sa présidence controversée, Louise Deschâtelets y voit plutôt les années les plus difficiles et les plus enrichissantes de sa vie.

Il reste qu'un changement de mentalité est en train de s'opérer au sein de l'Union.

Les grands débats

De fait, c'est en 1980 que débutent, à l'Union, les grands débats qui marquent la décennie en cours et qui doivent normalement déboucher sur l'obtention, après cinquante années de luttes et de maturation, d'un véritable statut pour l'artiste interprète au Québec.

Bien sûr, il faut rappeler la bataille perdue à Radio-Canada au profit du Syndicat canadien de la fonction publique (SCFP): l'Union perd alors sa juridiction sur toute une catégorie de membres.

La notion d'entrepreneur indépendant n'est pas acquise pour tous d'emblée, et des débats acrimonieux se produisent avec les partisans d'un statut de salarié pour les artistes.

La réflexion sur ce sujet a été entreprise par la Commission de politique externe de l'Union (POLEX). Deux des recommandations de cette commission, dont nous citons de larges extraits du rapport de septembre 1978, pavent la voie aux revendications actuelles.

«Nous recommandons que le conseil d'administration mette sur pied dans les meilleurs délais des comités conjoints avec les producteurs; et, quand la chose s'avère profitable aux intérêts des membres, avec les repré-

146 / Le statut

Le maire de Québec, Jean Pelletier, à la conférence de presse donnée par l'UDA au Château Frontenac de Québec en vue de promouvoir une plus grande régionalisation des arts d'interprétation.

Roland Bélanger.
(Photo: Serge Jongué)

sentants autorisés d'autres associations professionnelles.»

«Nous recommandons que le conseil d'administration poursuive les démarches entreprises dans le sens des accréditations syndicales selon les Codes du Travail; et que, dans le même esprit de recherche d'une reconnaissance syndicale, le conseil d'administration étudie la question du statut juridique de l'artiste interprète, en tenant compte de l'évolution de la société et des mentalités qui la forment.»

STATUT JURIDIQUE DE L'ARTISTE INTERPRÈTE. Le mot est lâché. La bataille s'engage pour les dix prochaines années. Les forces se regroupent. De véritables partis politiques se forment à l'occasion des élections au conseil d'administration et à l'exécutif.

Le plus formidable exercice de démocratie jamais entrepris à l'Union est donc démarré.

1984-1987
Vidéoclips, laser et satellites

Faire tenir cinq ans en trois pages. Tracer un autre signe sur la paroi du jour. Demain se tisse en nous-mêmes à notre insu, accroché à notre souffle.

On n'a pas vu l'été! Tiens, il n'est pas mort celui-là? Moi, quand je serai grand, je m'achèterai une petite Firefly rouge. Déjà en cinquième année!

On s'éveille, on s'aperçoit que si on n'a pas grandi, du moins on a grossi. Le monde a changé.

McLuhan avait peut-être raison. On en parlait l'été dernier dans le jardin chez Évelyne. La bouffe avait été préparée par deux Africains de ses amis. Il y avait là quelques coopérants. Deux ou trois «vieux de la vieille» du réseau des radios communautaires. On se demandait si McLuhan avait eu raison de prédire que nous allions vivre dans un village global en raison du resserrement du réseau des médias.

Il pleuvait, on s'était abrités dans la véranda en finissant les dernières bouteilles de vin. En bons Québécois, certains avaient ouvert une autre bouteille de bière. On s'entendait globalement sur le fait que la prédiction du prophète des médias ne s'était pas avérée tout à fait juste. Pas, en tout cas, sur la base de sa prémisse.

Le monde n'est pas devenu un village global. Les ordinateurs n'ont rapproché personne. La transmission en direct, par satellite, de quelques parties de soccer au Mexique, ne resserre pas de liens. Et pourtant, l'air qu'on respire porte une odeur familière aux quatre coins de la planète.

On dirait soudain que depuis cinq ans, oui, la Terre a rétréci, comme si les grands financiers internationaux étaient parvenus à la mettre dans leur poche. Les Japonais comme les Américains mènent le monde, mais ce n'est ni «leur» monde ni le nôtre. C'est «un» monde, froid comme l'or, aussi imperturbable qu'une liasse de dollars. Ni souffle ni cœur. Tout juste un *jingle* publicitaire dans la tête!

Nous nous dressons sur la terre, plus nus et solitaires que jamais, menottés dans les fils de nos «walkman», assourdis de Madonna et de Michael Jackson dont on annonce le retour triomphal comme celui d'un Messie. À l'heure où j'écris ces lignes, un producteur d'ici met en chantier le *Dallas* québécois. L'histoire s'intitule *Mount Royal*. Elle relate la fantastique épopée financière d'un homme d'affaires canadien-français. De nombreux millions de dollars ont été consentis pour sa production par les gouvernements fédéral et provincial. *Mount Royal* sera tourné en anglais. Le rôle titre sera tenu par un comédien belge.

On se demande si McLuhan n'avait pas vu juste, pour d'autres raisons que celles qu'il a avancées.

Nous sommes tous et toutes dans l'un des navires de Jacques Cartier, attendant que le vent se lève pour reprendre la route, rongés par le scorbut, inquiets de la destination et mus pourtant par le prodigieux instinct qui pousse les plus humbles à dépasser leur condition.

Les gouvernants butent contre leurs contradictions, les prophètes s'empêtrent dans leurs théories et les économistes ne savent rien prédire.

Pourtant, j'ose une dernière affirmation, soutenu en cela par l'insistance de ma femme. Ce n'est pas vrai que le Québec s'est mis au monde à l'orée de la Révolution tranquille, en 1960. Le Canada, puis le Canada français, puis le Québec ont fleuri tour à tour sur le continent américain depuis quatre cents ans. Une lente maturation, dirait-on. 1960 n'était rien d'autre qu'une crise d'adolescence. Se pourrait-il que nous venions d'entrer en pleine maturité?

Beau programme pour les artistes! Incarner les rêves et les aspirations d'un peuple qui n'a jamais cessé et ne cessera jamais de les aimer, parce qu'ils lui ressemblent.

Une statue, quel statut?

Dorénavant, il n'est plus utile de rappeler à quiconque ce qui s'est passé hier dans la société québécoise. Les faits sont bien gravés dans les mémoires. Un seul sujet retient toute l'attention: l'obtention de ce fameux statut juridique de l'artiste interprète.

Un premier conflit éclate à l'Union à propos de cette difficile question à l'occasion de l'Assemblée générale du 21 novembre 1982. Des élections ont lieu en mars 1983 ayant pour thème: «Pour la fierté de ce que nous sommes».

Yves Létourneau

En 1984, Yves Létourneau préside aux destinées de l'Union et met en place les structures intellectuelles et physiques de ce qui constitue encore aujourd'hui l'équipe de choc du statut. Vont œuvrer activement au sein de la Commission du statut, entre autres, Marie-Lou Dion et Serge Turgeon, appuyés par le directeur général Serge Demers et le conseiller juridique Marc Trahan.

Nicole Picard

Nicole Picard assure l'intérim après le départ du président Létourneau; une élection contestée se déroule au cours de laquelle un seul vote sépare les deux candidats à la présidence. De nouvelles élections sont tenues et Serge Turgeon l'emporte avec une large majorité, au printemps de 1985. Le dernier sprint de la lutte pour l'obtention d'un statut juridique pour l'artiste interprète est engagé.

Yves Létourneau. (Photo CKAC)

Nicole Picard (Photo: Serge Jongué)

Conférence de presse donnée par l'UDA pendant la campagne électorale de 1985 réclamant du futur gouvernement l'établissement d'une véritable politique culturelle. (Photo: Serge Jongué)

Le projet de loi

Yves Létourneau est le véritable père du projet de loi sur le statut juridique. Voici en quels termes il évoque son action dans son rapport présenté à l'Assemblée générale annuelle du 26 mars 1984:

«... tous les membres du présent conseil avaient adhéré à un manifeste à l'effet que le conseil de l'UDA prenne tous les moyens nécessaires pour obtenir des gouvernements fédéral et provincial les amendements législatifs visant à reconnaître par législation le caractère de pigiste de ses membres.»

Après avoir évoqué des démarches infructueuses auprès de divers ministères, le président Létourneau poursuit: «Nous en avons plutôt conclu qu'il fallait reprendre tout ce travail à pied d'œuvre et rédiger un projet de loi qui viserait à faire reconnaître par législation fédérale et provinciale

— le caractère de pigiste entrepreneur indépendant des artistes-interprètes.

— et la juridiction de notre association ou syndicat professionnel auprès de tous les producteurs ou interlocuteurs autorisés.»

Une mise en demeure

En novembre 1985, à la veille de la campagne électorale provinciale, Serge Turgeon interpelle les candidats et les somme d'énoncer clairement la politique culturelle de leur parti. Il réclame nommément la loi sur le statut de l'artiste et conclut en ces termes: «Bref, ce que nous réclamons aujourd'hui du prochain gouvernement du Québec, c'est une véritable politique culturelle de maîtrise et de développement, une politique qui ne craigne ni ses aboutissants ni ses facilités. Il y va de notre survie collective, de notre survie culturelle et, qui sait, de notre survie tout court, car sans nous aujourd'hui, demain ne sera pas.»

Peu de temps après, les libéraux de Robert Bourassa sont élus et la ministre des Affaires culturelles, madame Lise Bacon, s'engage à satisfaire les exigences de l'Union.

Parallèlement, l'Union décide d'intervenir dans deux domaines où elle sent la culture particulièrement menacée: la chanson et le doublage.

La chanson

À l'occasion du premier sommet francophone, l'Union des Artistes invite les artistes de tous les pays francophones à constater que la musique et la chanson francophones sont en nette régression dans leurs territoires respectifs.

C'est un véritable SOS que l'UDA lance pour la défense de la musique et de la chanson francophones sur les ondes de la radio et de la télévision, de même que pour la défense de ceux et celles qui les créent et les interprètent.

Son action vise à souligner que sans aide et sans réglementation adéquates, c'est un mode d'expression culturelle populaire qui risque d'être étouffé, voire de disparaître.

Le doublage

Il n'y a pas, à proprement parler, de conflit avec la France sur la question du doublage au cinéma. Ce qu'il importe de souligner, c'est que les artistes français sont protégés, non pas par leur syndicat, mais par une loi qui définit, grosso modo, ce qui suit: pour être diffusée en France, toute émission doit être doublée en France, par des Français. En conséquence, les producteurs étrangers, et américains tout particulièrement, doublent en France les émissions destinées au marché francophone; ce sont ces émissions qui sont diffusées au Québec.

L'Union des Artistes estime que les artistes d'ici ont le droit de vivre de l'industrie du doublage. Elle demande donc, depuis plusieurs années, que le gouvernement (ou plutôt les gouvernements) d'ici légifère(nt) dans le même sens, afin de protéger notre industrie du doublage. (Lors de ce même sommet francophone, à Paris, le ministre Marcel Masse avait d'ailleurs déclaré, à une émission du *Point* de Radio-Canada, que le problème du doublage devait être réglé au niveau politique.)

L'Union des Artistes demande au CRTC d'établir une réglementation suivant laquelle au moins 60% des émissions étrangères diffusées au Québec seraient doublées au Québec.

Au gouvernement de la province, l'UDA demande une loi qui forcera la tenue de négociations entre la France et le Québec quant au partage des films à doubler projetés en salles.

Paris, au café-théâtre le Tourtour. En bas, de g. à dr.: Serge Turgeon, président de l'UDA, Anne Sylvestre, Sapho, Nicole Croisille, Eddy Marnay; en haut, dans le même ordre: Luc Plamondon, Isabelle Mayereau, Gilbert Lafaille et Marc Drouin.

La Commission

En mai 1986, se tenait la Commission parlementaire des Affaires culturelles sur le statut de l'artiste et du créateur. L'UDA y comparaît, il va de soi, réclamant l'adoption de sa loi. Au terme des audiences, la ministre conclut en ces termes: «En somme, les témoignages entendus confirment le constat établi aussi par l'UNESCO. Ce constat, je le rappelle, comparait la situation de l'artiste à celle d'une pyramide inversée où l'artiste, tout en bas de l'édifice, supporterait le poids de l'industrie en question tout en étant celui qui en bénéficie financièrement le moins.»

Des précisions

Serge Turgeon apporte des précisions sur cette fameuse loi dont tout le monde ne comprend pas encore la portée, en répondant à une question du journaliste André Dalcourt de la revue *Mouvements*.

«Il y aura une association syndicale qui représentera tous les artistes interprètes. Le gouvernement, s'il le veut, décrétera un référendum pour vérifier notre représentativité, et lorsque nous serons reconnus, nos interlocuteurs, les producteurs, devront se regrouper par secteurs pour négocier avec nous. Il y a peu d'accréditation multipatronale dans notre problématique. La loi que nous demandons aplanira donc certaines des difficultés que rencontre actuellement l'Union. Par exemple, dans le secteur de la publicité, nous faisons face à 2000 producteurs; il est évident que nous ne pouvons pas

Une centaine de membres de l'UDA montent sur la colline parlementaire de Québec, le 20 mai 1986, pour revendiquer un statut légal pour les artistes interprètes pigistes. (Photo: André Pichette.)

aller les chercher un par un. La loi réglera cela.»

La Conférence canadienne des arts

Serge Turgeon porte le débat à la Conférence canadienne des arts qui se penche pendant trois jours sur la question du statut de l'artiste. Il cite d'abord Zola: «Si vous me demandez ce que je suis venu faire en ce monde, moi, un artiste, je vous répondrai que je suis venu ici pour vivre tout haut.» Et le président Turgeon résume les aspirations qui l'animent: «Vivre et penser tout haut dans la liberté, la dignité, le respect et la fierté de ce que nous sommes, convaincus qu'une société sans artistes, c'est un monde sans âme, et convaincus que le monde moderne ne peut exister sans artistes.»

Le conflit de l'ADISQ

C'est de cette même époque que date le conflit de l'UDA avec l'ADISQ. Au cours des années 60, l'Union des Artistes avait reçu de ses membres le mandat de négocier avec les représentants des producteurs de disques (alors regroupés au sein de l'AQPD, Association québécoise des producteurs de disques, le prédécesseur de l'ADISQ) des conditions minimales de travail pour les artistes qui œuvrent au sein de cette industrie culturelle.

Au cours des années qui suivent,

l'UDA travaille à un projet d'entente. Plusieurs entrevues et communications ont lieu entre les deux parties, mais n'aboutissent à rien.

En juillet 1986, les représentants de l'UDA rencontrent ceux de l'ADISQ, la nouvelle association; on dépose un projet d'entente, puis on fixe des dates pour les négociations.

Ces négociations n'auront pas lieu. Dans son bulletin d'information, l'ADISQ déclare que son conseil d'administration ne lui reconnaît pas le droit de négocier une telle entente.

L'UDA, conformément à l'entente qui la lie à Radio-Canada, refuse pour cette année la captation et la diffusion du Gala de l'ADISQ.

Il s'ensuit une demande d'injonction de la part de l'ADISQ.

Au terme de plusieurs journées en cour, le juge Maurice E. Lagacé de la Cour supérieure rejette la demande d'injonction de l'ADISQ et sanctionne la légitimité des revendications de l'UDA dans le domaine du disque.

«Mais n'est-ce pas là la seule arme dont dipose l'UDA, compte tenu du cadre légal qu'elle a choisi pour amener l'ADISQ à la table des négociations?»

On croirait entendre le juge réclamer un statut juridique pour l'Union!

Des lenteurs

Cependant, le temps passe et rien n'avance dans l'étude du projet de loi de l'Union. Le président fait le point avec ses membres dans une communication au mois de janvier 1987. «En mai 1986, le gouvernement, sous l'égide de madame Bacon, et après de nombreuses démarches et représentations de l'UDA, tant auprès de l'ancien gouvernement que du nouveau, consentait enfin à tenir une commission parlementaire sur le statut de l'artiste et du créateur, commission d'étude au cours de laquelle il a été clairement démontré que *seule une loi sur le statut juridique de l'artiste* pouvait nous donner la reconnaissance professionnelle de ce que nous sommes. (...) Aujourd'hui, huit mois après la tenue de cette commission parlementaire, et après qu'on nous eût soulevés d'espoir, on retrouve dans les propos de la ministre beaucoup trop d'ambiguïtés...»

Et le président incitait ses membres à signer une pétition réclamant de la ministre qu'elle s'engage immédiatement à satisfaire les revendications légitimes de l'Union.

Le dernier sprint

En mars 1987, Serge Turgeon aborde le dernier tournant de sa course au statut, lors d'un autre discours à l'Assemblée générale. «Nous entreprenons la troisième et dernière année du mandat de l'administration que je préside (...) À partir de la commission parlementaire de mai 1986, l'Union a commencé à vivre d'espoir. Et comment ne pas être soulevé d'espoir, en effet, quand vous entendez de la bouche même de la ministre responsable que, oui, tout cela aboutira, pas plus tard qu'au printemps 1987, au dépôt d'un projet de loi.»

Mais les choses ont traîné en longueur et la ministre a même laissé

La *Commission «Je me souviens»*. De g. à dr.: Jean-Pierre Masson, Monique Aubry, Marie-Soleil Tougas, Ronald France, Jean Lapointe, Edgar Fruitier, Albert Millaire, Michel Dumont, Huguette Oligny, Jacques Godin. (Photo: Daniel Kieffer)

entendre que la complexité du problème ne permettrait peut-être pas une solution aussi rapide qu'on l'avait entrevu. L'Union s'emporte et le président poursuit: «... nous avons rebondi de plus belle et finalement nous avons obtenu de madame Bacon, le jour de la reprise des travaux de l'Assemblée nationale, le 10 mars dernier, la promesse de tenter de déposer le projet de loi tant attendu ce printemps.»

Ce qui ne fut pas fait et ce qui le fut

Entre-temps, la ministre a formé un groupe conseil sur le statut de l'artiste créateur, et il n'est pas peu paradoxal que l'auteur de ces lignes y soit nommé, étant même désigné à la présidence du groupe par ses confrères.

Le mandat confié par la ministre au groupe conseil dépasse le simple cadre de la loi exigée par l'UDA, et porte sur le statut de l'ensemble des artistes et des créateurs du Québec.

Tandis que le président du groupe conseil et le président de l'UDA se querellent sur la pertinence de l'intervention du premier dans un dossier mené depuis tant d'années par le second, le ministère poursuit des études qui doivent conduire à la discussion d'une proposition de compromis.

Les choses en sont là, au moment de rédiger ces dernières lignes. Mais les artistes sont tenaces et impatients. Ils ont recruté Maurice Duplessis, Wilfrid Laurier, Henri Bourassa, Monseigneur Charbonneau, Mémère Bouchard, Thérèse Casgrain, Séraphin Poudrier, Marc-Aurèle Fortin, Zoé Cayer et l'animateur Edgar Fruitier pour aller plaider, sur un texte de Jean-Claude Germain, devant la *Commission «Je me souviens»*, la cause des artistes qui les incarnent.

La ministre a applaudi.

Madame Lise Bacon, ministre des Affaires culturelles, et Serge Turgeon, à Québec, en mai 1986. (Photo: André Pichette)

Ci-contre: Paul Dupuis
(Photo: Studio Jac-Guy)

Ci-dessous: Paul-Émile Corbeil
et son fils Claude. (Photo
Reynald Rompré. Coll. P.L.)

De haut en bas:
Théo Chentrier, le premier
psychologue des ondes.

Le père Marcel-Marie Desmarais,
le pionnier de la radio du cœur. (Coll. P.L.)

L'intarissable père Ambroise.

Andréanne Lafond et Jacques Languirand animant l'émission *Aujourd'hui*.

La pension Velder au complet... ou presque: Lucie de Vienne-Blanc, Robert Gadouas, Lionel Villeneuve, Colette Devlin, Françoise Faucher, José Delaquerrière, Jacqueline Plouffe, Fernande Larivière, Rita Bibaud et Michel Noël. (Photo: Studio Orssagh)

Ci-contre:
Béatrice Picard et Jean Gascon, dans *Le temps des lilas*, présenté au théâtre du Rideau-Vert en 1957-1958.

En bas: *Les trois valses*, l'un des triomphes de la télévision, avec Aimé Major, Gabriel Gascon, Mathé Altéry et Yoland Guérard. (Photo: André Lecoz)

Photos du haut (de g. à dr.): Un couple éternel: Séraphin (Jean-Pierre Masson) et Donalda (Andrée Champagne). (Madame Champagne fut vice-présidente et secrétaire générale de l'UDA avant de se lancer dans la vie politique.) Paul Desmarteaux, dans le rôle légendaire du curé Labelle.

Photo du bas: Olivier Guimond, Béatrice Picard, Amulette Garneau et Denis Drouin, les vedettes de *Cré Basile*.

Ci-contre:
Élaine Bédard...
son style, son allure.
(Photo: André Lecoz)

Ci-dessous: D'inimitables *Couche-tard*: Jacques Normand et Roger Baulu.
(Photo: André Lecoz)

Ci-contre:
Réal Giguère, le premier
«Monsieur Télévision».

En bas:
Autour des animateurs de
Jeunesse d'aujourd'hui, Joël
Denis et Pierre Lalonde,
quelques invités parmi
d'autres: Donald Lautrec,
Danielle Laprise, Danielle
Oddera, Pierre-A. Morin,
Norman Knight, Michèle
Laprise, Yvan Daniel, Margot
Lefebvre, Guy Roger,
Charlotte Durand et Roger
Gosselin. (Coll. P.L.)

Ci-contre :
Gérard Poirier et
Françoise Faucher:
un véritable couple
de la scène et de la télévision.
(Photo: Studio Orssagh)

Ci-dessous:
Georges Groulx.
(Photo: André Lecoz)

Ci-dessus: *Sous le signe du lion*: Paul Hébert, Ovila Légaré, Jean Coutu, Yves Létourneau et François Guillier. (Photo: André Lecoz)

Ci-contre: Charlotte Boisjoly et Dyne Mousso dans la même série télévisée.

Ci-dessus:
Monsieur Surprise
(Pierre Thériault)
(Photo: André Lecoz)

Ci-contre:
Gisèle Schmidt
et Gilles Pelletier
dans *Rue de l'Anse*.
(Photo: André Lecoz)

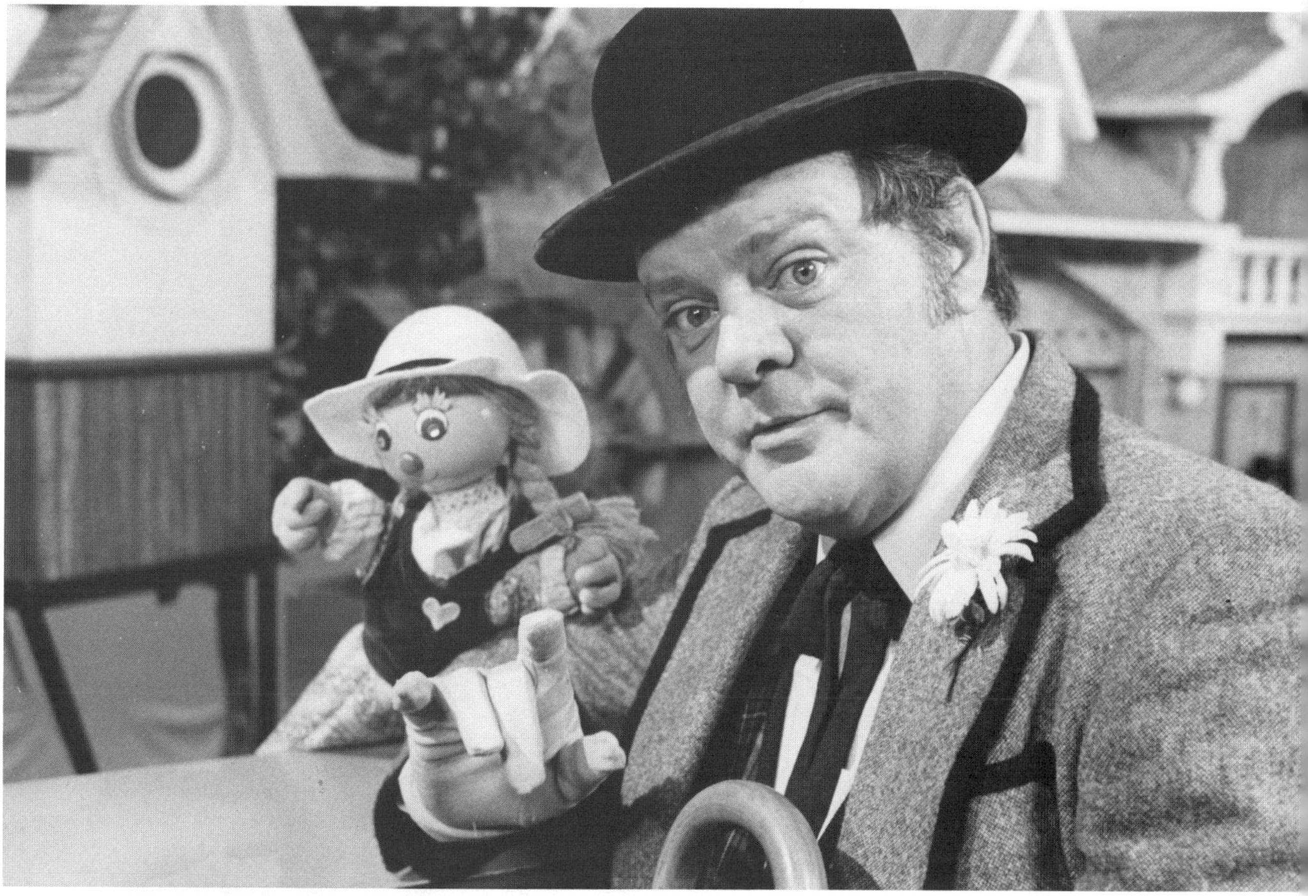

Ci-dessus:
Guy Sanche: 27 ans avec Bobino.
(Photo: André Lecoz)

Ci-contre:
Kim Yaroshevskaya.

Ci-contre:
Wilfrid Lemoyne
(Photo: André Lecoz)

Ci-dessous:
Au *Sel de la semaine*,
Fernand Seguin.

Ci-contre: Jean Duceppe, l'inoubliable interprète de *La mort d'un commis voyageur*. (Photo: Jac-Guy)

Ci-dessous: Hubert Loiselle et Jacques Godin dans le téléthéâtre *Des souris et des hommes.* (Photo: André Lecoz)

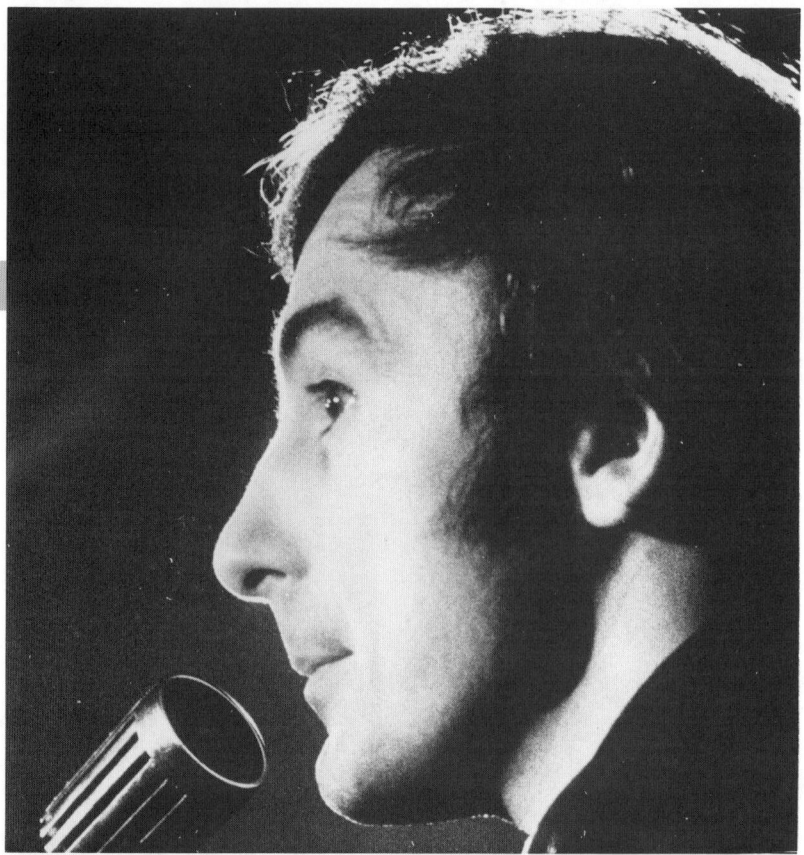

Yvon Deschamps, le premier à poser la question: «Les unions, qu'ossa donne?» (coll. P. L.)

Jean Lapointe.

Marc Favreau,
le vermouilleux.

Ci-contre:
Danielle Ouimet dans *Valérie*. Qui sait qu'Yves Thériault fut l'auteur du scénario? (Photo: Cinémathèque québécoise)

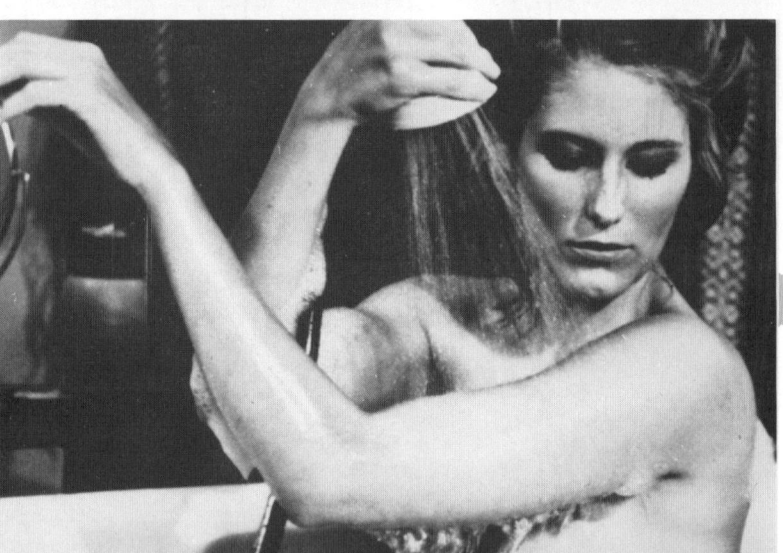

Ci-haut:
Guy Godin (Photo: CFTM-TV)

Ci-contre:
Le petit Simard, un grand prodige. (Coll. P. L.)

Jacques Godin
et Catherine Bégin
dans *Septième Nord*.

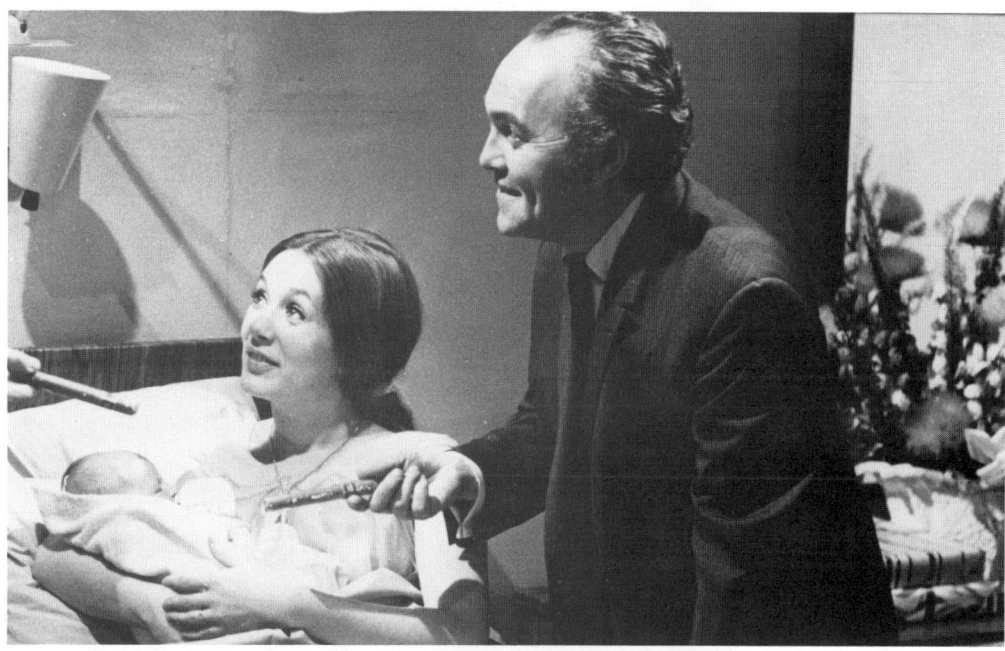

Ci-dessus:
Pierre Boucher
et Marie-Josée
Longchamps dans
Rue des Pignons.
(Photo: André Lecoz)

Ci-contre:
Rita Bibeau
et Yvan Ducharme
dans *Les Berger*.

Appelons-la Lise... (Coll. P. L.)

Solange Chaput-Rolland: journaliste, chroniqueuse et auteur de téléromans. (Coll. P. L.)

Rita Lafontaine, l'une des principales interprètes du théâtre de Tremblay, dans *À toi, pour toujours, ta Marie-Lou*. (Coll. P. L.)

Albert Millaire, Jean Besré, Guy L'Écuyer, Jacques Galipeau, Edgar Fruitier, dans *La guerre, yes sir!*

Les smattes: Donald et Daniel Pilon (Photo: Cinémathèque québécoise)

Geneviève Bujold, devenue une grande star du cinéma international. (Photo: André Lecoz)

Deux interprètes de *Mon oncle Antoine*.: Lionel Villeneuve (ci-contre) et Olivette Thibault (ci-dessous). (ONF)

Ci-contre:
Le Capitaine Bonhomme (Michel Noël)
à qui l'on doit le faux dicton
«Les sceptiques seront confondus».
(Photo: CFTM-TV)

Ci-dessous:
Denis Drouin, Juliette Huot et Gilles
Latulippe dans *Symphorien*.
(Photo: CFTM-TV)

Ci-contre:
Jacques Proulx. (Photo: CKAC)

Ci-dessous: Pierre Nadeau, à *Télémag*.

Monique Mercure, l'inoubliable héroïne de *J.-A. Martin photographe*. (ONF)

Gaston Lepage, dans *Cordélia*. (ONF)

Viola Léger...
ou *La Sagouine*.
(Photo: Guy Dubois)

Ci-contre:
Michel Jasmin.
(Photo: Quatre-Saisons)

Ci-dessous:
Jean-Pierre Coallier.

Ci-dessus: Pierre Marcotte
(Photo: Quatre-Saisons)

Page suivante: Du haut de la passerelle, Gilles Tremblay et René Lecavalier. (Photo: Jean-Pierre Karsenty)

Ci-contre:
Pauline Julien. (Photo: Birgit)

Ci-dessous:
Ginette Reno.

Ci-contre:
Nathalie Simard.

Ci-dessous:
Louise Marleau. (Photo: André Lecoz)

Ci-contre:
Aubert Pallascio et Élisabeth Chouvalidzé dans *Terre humaine*. (Photo: André Lecoz)

Ci-dessous:
Anne Bédard, Luis De Cespedes, Christine Lamer et Jean Coutu au mariage de *Marisol*. (Photo: CFTM-TV)

Diane Dufresne ou la «magie rose».
(Photo: Jean-Pierre Karsenty)

Ci-contre:
Joël Le Bigot.

Ci-dessous:
Serge Laprade.
(Photo: Jean-Pierre Karsenty)

Ci-contre:
Luc Plamondon.

Ci-dessous:
André Gagnon.

Ci-contre:
Carole Laure,
dans *Maria Chapdelaine*.

Ci-dessous:
Jean-Guy Moreau.
(Photo: Jean-Piere Karsenty)

Janine Sutto, René Richard Cyr, Louise Latraverse dans *Poivre et sel*.
(Photo: Jean-Pierre Karsenty)

Pages suivantes: *Le temps d'une paix*. Dans l'ordre habituel: Jean-René Ouellet, Sylvie Gosselin, Sébastien Dhavernas, Marie-Lou Dion, Daniel Gadouas, Denys Paris, Katherine Mousseau, Claude Prégent, Roger Garand, Jacques L'Heureux, Paul Dion, Yvon Dufour, Nicole Leblanc, Monique Aubry et Pierre Dufresne.

d'une paix

Le parc des braves, avec René Caron (ci-contre) et Christian Royer, Ghyslain Tremblay, Marie Tifo, Gérard Poirier, Vincent Graton, Annie de Raîche et Maryse Gagné (ci-dessous). (Photos: André Lecoz)

Aux *Grands esprits*, Jacques Thisdale, Hélène Loiselle, Edgar Fruitier, Gilles Renaud et Luc Durand. (Photo: André Lecoz)

Ci-contre:
Passe-Partout et les marionnettistes Nicole Lapointe et Pierre Régimbald.
(Photo: Radio-Québec)

Ci-dessous:
Nic et Pic animés par les mêmes marionnettistes.
(Photo: André Lecoz)

Ci-dessus:
À *Parler pour parler*,
Janette Bertrand
et Diane Jules (Violette).
(Photo: Radio-Québec)

Ci-contre:
Raymond Legault
et Paule Baillargeon
dans *Lise, Pierre et Marcel*.
(Photo: Radio-Québec)

Gaston L'Heureux et Claude Michaud. (Photo: André Lecoz)

Silence... on chante, avec Normand Brathwaite et Guillaume Lemay-Thivierge.
(Photo: Jean-Pierre Karsenty)

Ci-contre:
Monique Miller et Jean Lajeunesse dans *Laurier*.
(Photo: André Lecoz)

Ci-dessous:
Monique Miller, Albert Millaire, Denyse Chartier et Marjolaine Hébert dans la même série télévisée
(Photo: André Lecoz)

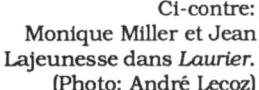

Peau de banane avec Yves Corbeil, Sébastien Tougas, Marie-Michelle Desrosiers, Marie-Soleil Tougas et Louise Deschâtelets. (Photo: CFTM-TV)

La petite histoire d'une autre époque: *Entre chien et loup* avec Jacques Thisdale, Marie Bégin, André Chartier, Chantal Provost, Suzanne Léveillé, Diane Robitaille et André Myron. (Photo: CFTM-TV)

Dorothée Berryman, Rémi Girard, Dominique Michel, Louise Portal et Yves Jacques dans *Le déclin de l'empire américain*.

Carl Marotte et Michel Forget dans *Lance et compte*. (Radio-Canada)

Des dames et des hommes de cœur: Pierre Curzi, Michelle Rossignol, Raymond Bouchard, Andrée Boucher, Louise Rémy, Gilbert Sicotte, Michel Dumont et Luce Guilbeault. (Photo: Michel Gauthier)

Broue: 1261 représentations en novembre 1987. De gauche à droite: Michel Côté, Marcel Gauthier et Marc Messier (Radio-Canada)

Manon avec Linda Sorgini, Rita Lafontaine, Louise Laparé et Vincent Bilodeau. (Photo: Radio-Canada)

Christine Séguin, Denis Trudel, Denis Bernard, Serge Turgeon et Guy Provost, dans *Robert et compagnie*. (Photo: André Lecoz)

Jean-Louis Millette, Yves Desgagnés, Aubert Pallascio, Gilles Pelletier, Nathalie Gascon, Sylvie Léonard, Geneviève Rioux, Amulette Garneau, Christiane Raymond et Robert Gravel dans *L'héritage*. (Radio-Canada)

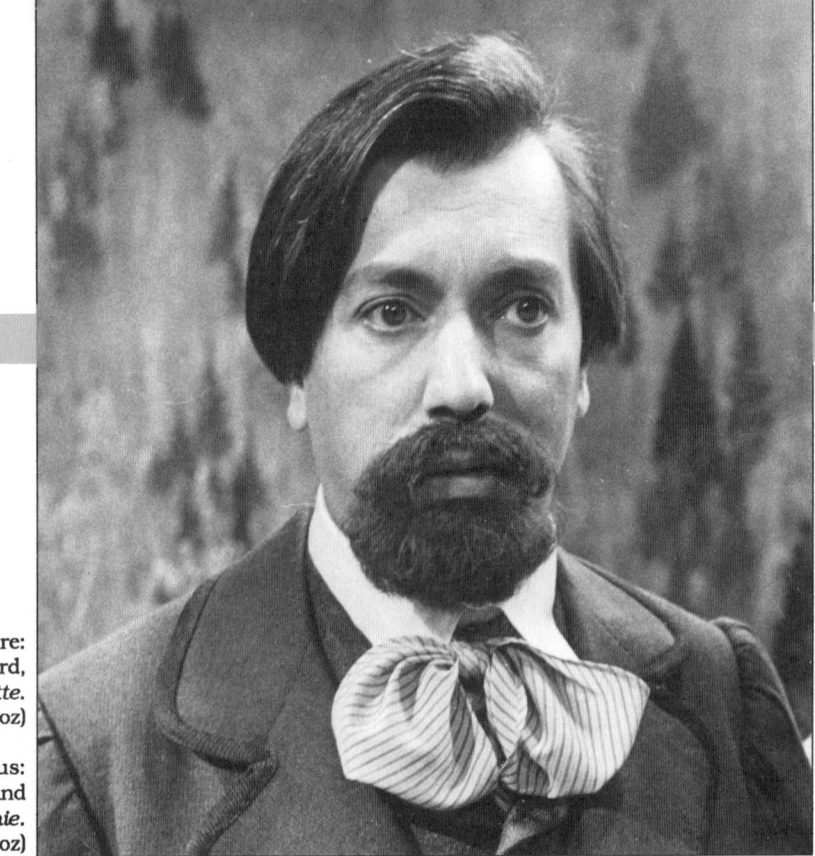

Ci-contre:
Normand Chouinard,
dans *La Mouette*.
(Photo: André Lecoz)

Ci-dessous:
Jean-Pierre Chartrand
dans *Robert et compagnie*.
(Photo: André Lecoz)

Andrée Lachapelle et Léo Ilial
dans *La maison Deschênes*.
(Production Prisma)

Ci-contre:
Claude Dubois.
(Photo: Michel Gauthier)

Ci-dessous:
Michel Rivard.
(Photo: Jean-Pierre Karsenty)

Ci-contre:
Céline Dion, incognito.
(Photo: Radio-Canada)

Ci-dessous:
Martine Saint-Clair.
(Photo: Michel Gauthier)

Ci-contre:
Guy Nadon dans *Lorenzaccio*, présenté aux *Beaux dimanches*. (Photo: André Lecoz)

Ci-dessous:
Gilles Maheu et Roger Le Bel dans *Un zoo la nuit*. (Photo: Lynne Charlebois)

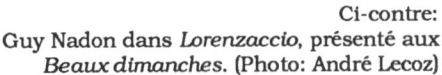

Pour la suite
du rêve

Dimanche matin, onze heures. Le Québec flâne, engourdi de satisfaction. On reprend du café et on refait le monde. C'est dimanche, et j'ai le goût, avec mon fils, qui ronronne devant le téléviseur, en compagnie de ma femme qui finit de lire les quotidiens de la veille, de penser à nous avec une chaude sympathie.

Si seulement nous voulions, nous franchirions l'adolescence des peuples et nous aborderions la maturité qui nous attend au bout du jour. Je n'ai nullement l'intention de jouer des airs de violon qui ne font plus pleurer personne, mais il est vrai que nous sommes collectivement «arrivés en ville». Notre tissu social se fonde maintenant sur un réseau de complexités comme seules les sociétés évoluées peuvent en générer.

Je cligne des yeux de contentement en songeant à l'envergure des tâches qui nous attendent. Nous en avons pour mille ans! Vaincus, colonisés, résistants du quotidien, instruits des terribles contradictions de l'époque, nous abordons la suite du monde avec l'assurance inquiète de ceux qui ont franchi les rapides de l'histoire. Nous avons survécu, il ne nous reste plus qu'à grandir.

Aux cinquantes années de l'histoire de l'Union des Artistes, correspondent cinquante années de vie culturelle intense, sur lesquelles la société s'est enracinée.

J'ai voulu rendre compte des trois points de vue.

De cette rétrospective sociale, je conclus que Pierre Trudeau avait un peu raison, l'ère n'est plus aux nationalismes étroits. René Lévesque également, car il faut savoir qui l'on est et ce que l'on vaut si l'on veut tenir son rôle dans «la grande séance». Derrière nous, la lueur de grands phares projette une lumière encore bienfaisante sur nos perspectives: Louis-Joseph Papineau, homme d'État de grande envergure, et Camillien Houde, débonnaire et plus vrai que nature, tant il nous ressemble.

Au plan culturel, l'examen confirme ce que je savais par intuition: les artistes précèdent de cent lieues la société. Leur tâche essentielle consiste à imaginer un avenir meilleur pour l'homme. Leur outil principal: le refus global de ce qui est, pour ménager de l'espace à ce qui sera.

Quant à son histoire proprement dite, l'Union des Artistes n'est pas en retard sur notre destin collectif. Elle le précède même, forçant la main aux politiques et aux politiciens. De l'amicale des débuts à l'entreprise complexe qu'elle est devenue, l'Union des Artistes s'abreuve à une même inspiration: donner au rêve l'occasion de s'épanouir dans le cadre d'une organisation où les contraintes matérielles ne font plus obstacles aux visions les plus aventureuses.

Les peintres arrachent des pans au mystère pour nous les présenter, les musiciens percent la barrière ténue de l'inaudible, les écrivains déchiffrent l'indicible, tandis que les artistes interprètes traduisent pour les yeux et le cœur les grands secrets que tous les autres arts ont voulu révéler. Voilà pourquoi, cin-

De g. à dr.: Pierre Juneau, de Radio-Canada, André Chagnon, de Télé-Métropole, Serge Turgeon, président de l'UDA, Jean Pouliot, du réseau Quatre-Saisons, et Jacques Girard, de Radio-Québec, annonçant la diffusion simultanée du gala du 50e anniversaire de l'UDA sur les quatre réseaux de télévision. (Photo: Serge Jongué)

quante ans plus tôt comme cinquante ans plus tard, s'élabore une durable histoire d'amour entre un peuple et les artistes qui incarnent ses rêves.

Bibliothèque Publique
d'Embrun

Table des matières

Préface de Serge Turgeon   9

Introduction   11

1937-1945 — L'AMICALE
Vers une culture de masse

1937   Des mouches, des souches et du rêve   18
Pour une chanson   24
Un voyage à New York   26

1938   Maurice, Camillien et Fridolin   27
Les premiers barreaux de l'échelle   31
Des chanteurs et des comédiens   34

1939-1943   Dans la boue jusqu'aux oreilles   35
Comment tu t'appelles?   42
Des avantages... à partager   45

1944-1945   «Anne, ma sœur Anne...»   48
Venez voir pour voir...   51
Les parties déclarent ce qui suit...   53

1945-1960 LE SYNDICAT
Une culture qui s'enracine

1946-1951 Du fleurdelisé à la Manicouagan   64
Vous avez dit «télévision»?   69
L'Union s'installe   72

1952 Les amours de Cécile	73
Une autre lanterne magique	76
Plus cher l'heure	78
1953-1955 De Jean Drapeau à Maurice Richard	79
Jean-Louis Barrault deux fois	83
Gérard Delage prend la clé des champs	87
1956-1959 La fin d'une époque	89
Des artistes en prison	94
Rentrer... ou rester là	98
1960 Le printemps vient en juin	101
La télévision du peuple	107
D'une convention à l'autre	109

1961-1987 LE STATUT
Une culture de consommation

1961-1967 En marche vers la terre des hommes	122
Le choc des idées	127
Une réflexion en profondeur	131
1968-1970 Trudeau, Bourassa et le FLQ	133
C'est le début d'un temps nouveau	136
La langue des artistes	138
1971-1983 L'État-providence	139
Debout!	142
L'Union sur tous les fronts	144
1984-1987 Vidéo-clips, laser et satellites	147
Une statue, quel statut?	150
Pour la suite du rêve	215

*Il a été tiré de cet ouvrage
une édition spéciale de
deux cents exemplaires
numérotés de 1 à 200
et signés par l'auteur.*

Maquette intérieure,
typographie et mise en page
sur ordinateur:
MacGRAPH, à Montréal.

Achevé d'imprimer en octobre 1987,
sur les presses d'Inter-Mark,
à Montréal